# 全人類に夢と希望と金を

～サラリーマンの副業最適解
「𝕏副業のすべて」を教える～

# 与える2030年の指南書

**編集部注**

本書では、「Twitter」と「X」の表記を統一しておりません。
あらかじめご了承ください。

まえがき

# 私はTwitterの神に導かれ、年収3000万を超えた。

書籍を出すことになったので自己紹介します。

私はＴｗｉｔｔｅｒの神に導かれ、年収３０００万を超えた。

５年前に、何となくＴｗｉｔｔｅｒを始めた。当時はサラリーマンとして朝から晩まで身を粉にして働くいっぽう、30歳になり、そろそろ真剣に結婚相手を見つけないとなと考え、婚活を始めたタイミングだったと記憶している。婚活の成果をつらつらとツイートしつつ、たまに毒を吐き、それに噛みついてきた人とレスバ（レスポンスバトル）していたら、フォロワーがジワジワと増えはじめ、だんだんと婚活よりもＴｗｉｔｔｅｒのほうにやりがいを感じるようになっていった。こうして、私はいわゆる〝ツイ廃（ツイッター廃人）〟となった。

新卒で誰もが名前を知っている大手金融機関に入社した。当時はやる気に満ちあふれていて「俺が同期でトップ出世をして役員になってやるぞ」と本気で思っていたが、実際に仕事が始まると「こいつマジでバケモノかよ」と心の底から思い知らされるような天才がたくさんいた。自分は特別な何者かになれないということを肌で感じ、絶望した瞬間を今でも鮮明に覚えている。

それでも仕事はそれなりに頑張った。転職するまでに3場所を経験したが、配属先はすべて都内で、本部業務も支店勤務も経験させてもらった。8年目で年収は1000万円を超えた。この瞬間だけはちょっと嬉しかったことも、また鮮明に覚えていたりもする。

一見すると順調なサラリーマン人生かもしれない。でも私はまったく満足できていなかった。

ちょうどそのころ、あるツイートがバズった。《年収300万でも40歳で3000万貯金しました！》みたいな週刊誌の記事を取り上げ、「これだけの忍耐力があれば、貯金するよりも収入を上げる方向に全振りしたほうがよかったのでは？」というような趣旨のツイートをしたところ、賛否両論が渦巻き、1万リツイート、10万いいねというとんでもない数字を叩き出した。朝起きたら3000人だったフォロワー数が6000人になっていた。その日の午後にとある法人からDM

をいただいた。《マッチングアプリの宣伝をＴｗｉｔｔｅｒ上でやりませんか？登録者数に応じて報酬をお支払いします》というオファーだ。私は「これって稼げるのかな？　副業だし会社とかに言わなくてもいいのかな？」などと不安ではあったが、懸念点をひとつずつ調べていくとまったく問題がないということがわかり、やってみることにした。

バズったツイートにアプリの宣伝をぶら下げたり、アプリ婚活に関するツイートをしたりしながら、あっという間に月日は流れ、１か月後に初めての副業収入を手にした。有料会員への登録者は30人前後、私の得た報酬は６万円弱だった。

今でこそ副業収入は月に２００万円前後あるが、この初めての経験に勝る興奮は今のところ訪れていない。会社からサラリーをもらうのではなく、自分で稼ぐということがこんなにも楽しいのかと、私はこのときにはっきりと認識したのだ。

ここから私のＴｗｉｔｔｅｒライフが始まった。

その後どのようにして今の生活を手に入れたのか、フォロワーが増えるとどんなことが起こるのか、などについても詳しく書いていこうと思う。みなさんには私のこれまでのＴｗｉｔｔｅｒライフを擬似体験していただき、ひとりでも多くの方々が、この最高なＳＮＳを使い、幸せになっていってほしい。

そう願いながら執筆してまいります。

まえがき …… 002

CHAPTER-1

## おまえたちはどう生きるか …… 011

1 1億総副業時代の到来 …… 012
2 フォロワーが増えると何が起こるか -その① - …… 018
3 フォロワーが増えると何が起こるか -その② - …… 028
4 目の前に困難が現れたら〝ラッキー〟 …… 034
5 Twitter婚活、本当におすすめだぞ …… 040
6 特別にフォロワーの増やし方教えちゃうよ …… 046
7 多様な価値観に触れれば人生をデザインできる …… 058
8 本当はみんな副業に興味がある。やったもん勝ちだ。やれ …… 066
9 ストレスを上手に逃す方法 …… 074
10 ギンギン的グルメな話 …… 082

11 2030年、本業×副業がスタンダードになる …… 090
12 ギンギンはこう生きる …… 098

CHAPTER-2
初めて語られるギンギンのすべて …… 107

CHAPTER-3
なぜバズる？ なぜ炎上する？
ギンギン厳選ツイートを分析 …… 121

CHAPTER-4
出版記念オフ会完全収録
～「X副業」は加速する～ …… 136
ゲスト：プロパー八重洲／ブル／ジンジン／IT軍師

あとがき …… 174

CHAPTER-1

# おまえたちは
# どう生きるか

1

# 1億総副業時代の到来

大袈裟ではなく、近い将来タイトルどおりの世界になる。

日本の所得推移くらい知ってるよな？

グラフを見てのとおり、物価は上がっているのに世帯所得は全然上

**世帯所得の分布の推移**
（資料：厚生労働省政策統括官付参事官付世帯統計室「国民生活基礎調査」）

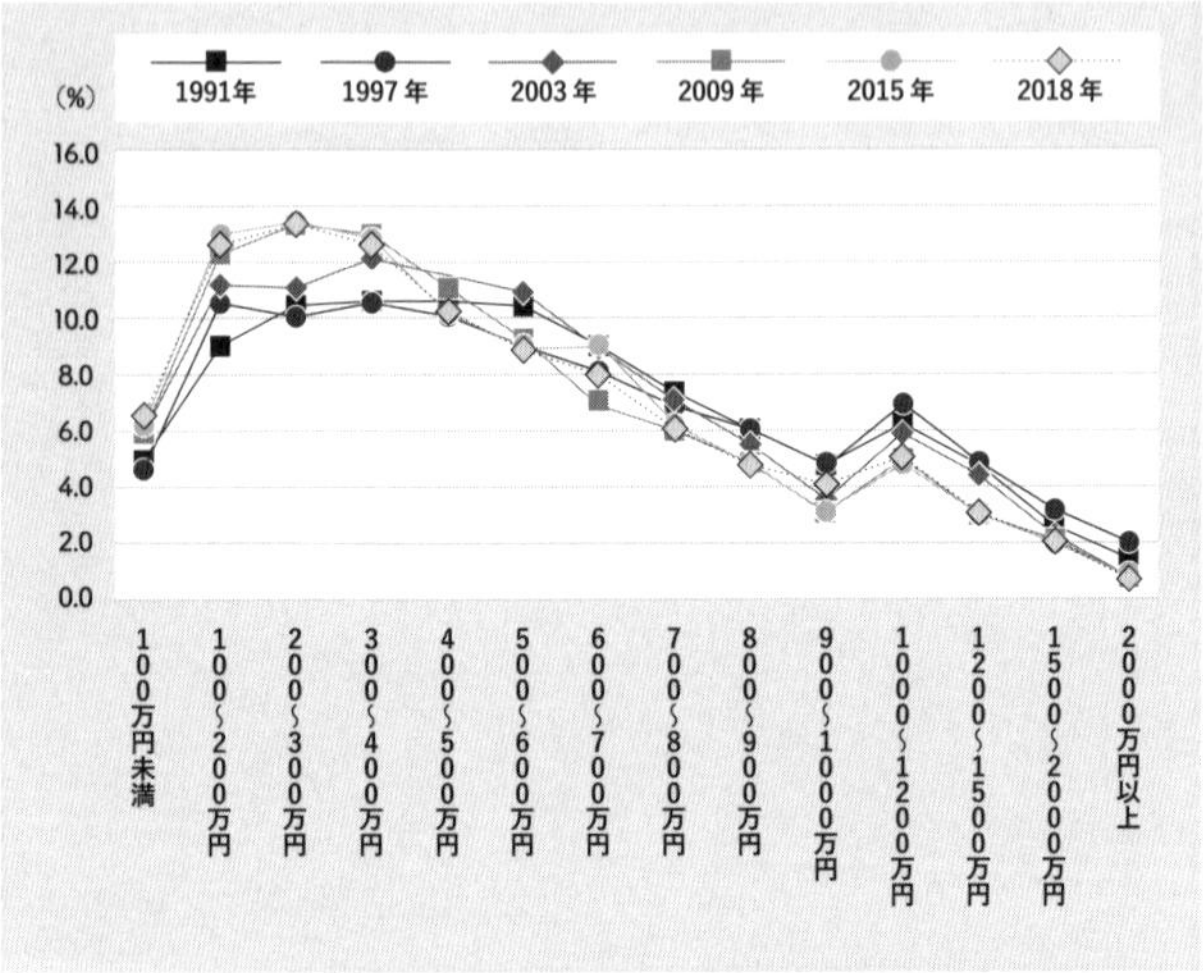

がっていない。しかも中央値で見たら３００万円台だ。

一部の大企業を除き、給料を上げる気がない（上げたくても上げられない）会社が大半なんだから、その大半に所属する人は転職するか、他の収入源を得るしか、生活を豊かにする方法はないわけだ。

そうなったときに、「転職」しか選択肢がなかった平成とは異なり、令和では「副業」という最強の方法があることを知ってほしい。副業というと、「土日を犠牲にして本業とは別の仕事をすること」なんてイメージしている人が多いと思うが、私が本書で提唱する「副業」は違う。〝ＳＮＳを使い、好きなことを発信しながら収入を得ていく方法〟のことである。

実際、数か月、真剣にＴｗｉｔｔｅｒと向き合えば、今の月収にプラスオンで５万~10万円程度を上乗せすることは難しくない。ほとんどの人は、「やり方がわからない」ので前に進めないだけなのだ。

そこで、私はＴｗｉｔｔｅｒを使い収益を上げる方法をまとめた「ｎｏｔｅ」（※）を執筆することにしたのだが、これが５０００部を超える大ヒットとなった。やはりみんな稼ぎたいし、やり方を知りたいのである。ｎｏｔｅ購入者のなかには「月収５００万を超えました！」という猛者も現れ、私を追い抜いていってしまったのであるが、悔しさよりも自分の手法の再現性の高さを感じることができ、そういう報告を聞くと嬉しくなってしまう。月収５００万、とんでもない世界だと思わないか？　年収じゃないぞ？　サラリーマンをやっていても永遠にたどり着けないよな？　Ｔｗｉｔｔｅｒ副業にはここまでのパワーがあるのだ。

私も今年、サラリーマンとしての収入よりＴｗｉｔｔｅｒ経由での収入のほうが上回った。つまり、もはや本業がツイッタラー、副業がサラリーマンなのである。

ここまでお話しすると、Ｔｗｉｔｔｅｒ経由での収入って何なの？と思われるかもしれない。

ここからは少し細分化してお話しさせていただくことにしよう。

（※）ｎｏｔｅ：：クリエイターが文章や画像、音声、動画を投稿して、ユーザーがそのコンテンツを楽しんで応援できるメディアプラットフォーム「ｎｏｔｅ」であげる記事のことを指す。

# CHAPTER 1

# おまえたちはどう生きるか

## 2 フォロワーが増えると何が起こるか -その①-

以前、《フォロワーが増えるとどんないいことがあるか知っているか？》という趣旨のツイートをしたところ、「めっちゃ知りたいです！」というリプライをたくさんいただいた記憶がある。ただ結局めんどくさくなってしまい、詳細をツイートせず終えてしまったと思うのだが、このタイミングで改めて書いてみる気になった。

## フォロワー100人

正直、この辺りをうろうろしていてはＴｗｉｔｔｅｒの楽しさを99％以上享受できていない。ツイートしても反応がゼロだったり、有名ツイッタラーにリプしにいっても無視されたりする。このゾーンで楽しみを見出せるかは「仲良しツイッタラーを１人作れるか」にかかっている。いつもコメントし合うような気の合う仲間が１人でもいれば、コミュニケーションをとるのが楽しくなるし、そのやりとりから新たなフォロワーがどんどん増えていったりするからだ。ちなみに私の最初の仲良しツイッタラーも、今は万垢《まんあか》（フォロワー数が１万人を超えるアカウント）だ。とにかくこの時期を乗り越えてほしい。

## フォロワー1000人

ようやくここからが本当のTwitterライフの始まりだ。フォロワー100人のころとのいちばんの違いは「ツイートするとほぼ確実に何らかの反応をもらえる」ということである。こんなに楽しいことはない。どんなツイートをしたときに反応がいいのかを試行錯誤できる時期でもあり、このタイミングでツイッタラーとしての方向性が徐々に確立されていく。時には「素性不明でフォロワーは数人」みたいなアカウントから罵声《ばせい》を浴びせられたりする。そのときの対応方針も人によってまちまちでおもしろい。無視する人、ブロックする人、謝る人、戦う人、通報する人、いろいろな選択肢があるなか、「私はどうしていくのか」ということを決断していくフェーズに入る。また、このころから同じサイズ感のツイッタラーからオフ会のお誘いがきたりする。オフ会は普段会えないような人と繋がったり、気の合う仲間を見つけられたりして、とても楽しい。が、危険も伴う。安易に個人情報をしゃべったりしてはいけない。このあたりの話はまた別のページでしようと思う。いろいろ書いたが、とにかくこの時期はＴｗｉｔｔｅｒが楽しくなってくるころだ。アカウントのコンセプトに困ったら、ぜひとも私に相談してきてほしい。

## フォロワー３０００人

このフェーズに入ると、あなたはもはやＴｗｉｔｔｅｒのとりこになっている恐れがある。なぜなら「Ｔｗｉｔｔｅｒを通じて様々なメリットを享受できるライン」が、ここだからである。詳しく解説していこう。ここまでくると、いわゆるあなたの〝ファン〟が少なくとも必ず数名はいる。そして「よかったらこれを飲んでゆっくり休んでください」みたいな、スタバチケットつきのＤＭがきたりする。正直これはめちゃめちゃ励みになるし、今でもかなり嬉しい。そしてそこからメッセージのやりとりが始まり、「今度会いましょう」となり、オフ……おっと、誰か来たようだ。

話を戻そう。その他の実体験としては、Ａｍａｚｏｎのほしい物リストを公開（本名が出ないように設定には注意が必要だ）してみたら、本当に買ってくれる人がいたり、とにかく普通に生きていては起こり得ない、震えるような出来事をどんどん体験することができる。

金銭的な面でいうと、このあたりからいわゆる副業収入が安定的に得られるようになってくる。「ｎｏｔｅ」や「ｔｉｐｓ」などのプラットフォームを使い、自分の得意分野や専門領域についての記事を書き、Ｔｗｉｔｔｅｒで宣伝して販売することで、月５万円〜10万円程度は副業収入として見込める。

私は１人でも多くの人にこのラインまで上がってきてほしいと心の底から強く願っている。めちゃめちゃ楽しいし、サラリーマン一本で考えていた人生計画を練り直したほうがいいという現実に直面するようになるからだ。

## フォロワー5000人

法人案件がくるようになるのがこのラインだ。中身は多種多様で、例えば美容だとダイエット漢方・脱毛・日焼け止め・スポーツジム、などの話をこれまでいただいたことがある。また、グルメツイートをしはじめたのもこのころであったが、それに合わせて冷凍宅食や二日酔い防止サプリなどの案件もいただけるようになった。上記したものは「商品提供を無償で受けるかわりに、そのレビューをツイートする」という形の法人案件である。これも別のページで後述するが、基本的には自分が好きなもので人様にすすめたいと思ったものであれば、どんどん案件を受けてしまっていいと思う。反対に、本当はあまりおいしいと思わなかったものを「おいしい」とツイートしてしまうと、あなたのアカウントとしての信頼が損なわれてしまうので、極力おすすめしない。

また、商品提供型とは別に、「あるサービスの宣伝をして、その対価を金銭で得る」という金銭提供型の法人案件もある。期間や報酬などはその法人と相談・交渉しながら決めることになるが、過去に私がやったものだと、マッチングアプリや転職エージェントサービス、企業への採用候補者斡旋、性格診断テストサービスなどがあり、今でも副業収入の柱のひとつ（月30万～１００万円は継続して稼げている）となっている。注意点としては、ここでも「本当に自分が良いと思ったサービスのみ案件を受ける」ということと、「案件交渉に失敗しないこと」である。マッチングアプリの宣伝をする際にもいろいろな企業からオファーをいただいたが、実際に使ったことがあるものしか私は依頼を受けなかった。そのほうが宣伝にリアリティが出るし、登録者も増えやすい。そもそも知らないサービスを紹介して、フォロワーから質問されたときに答えられないというのは、これもまたアカウントの信頼を毀損《きそん》する行為である。使ったことがないけど報酬が魅力的でどうしても宣伝したいという案件があった場合は、まずそのサービスを使わせていただけるよう依頼し、その後に宣伝するようにしたほうがいい。また、このようなやり取りのなかで、単価や報酬発生の条件などが企業から提示されることになるが、それをそのままのむのではなく（場合によってはあり得るが）、慣れてきたら単価などの交渉をしてみることをおすすめする。その場合、「私のアカウントは月にこの程度のインプレッション数（Twitter上で確認できる）があって、過去の○○案件ではこの程度の実績があったので、このくらいの報酬でも貴社のメリットは十分にあるかと思います！」というような出し方をするといい。この辺りも慣れなので、まずはどんどんやってみるといい。法人案件をうまくさばけるようになると、副業収入はより安定してくる。私のコンサル生はこのラインまで来ると、noteで月10万～30万円の収入、法人案件で月5万～20万円の収入を得られるようになっている。

ではフォロワー1万人という大台に乗ると、どんなことが起こるのだろうか？

## 3 フォロワーが増えると何が起こるか -その②-

### フォロワー1万人

大台のフォロワー1万人を超えたとき、正直言って本業で年収1000万を超えたときよりもはるかに嬉しかった。このラインまで来ると、いわゆる万垢にはそのくらいの価値があるということを理解しているので、達成したときはひとりで叫んだものだ。これで俺も〝アルファツイッタラー(多くのフォロワー数を誇り、影響力のあるツイッタラーのこと)〟だと。

さて、ではそんなアルファツイッタラーになるとどんなことが起こるのか。
まず、交友関係の変化について話そう。大きくは以下の２点だ。

①万垢同士の交流が活発になる
②芸能人・有名人と交流できるようになる

①のメリットはその立場に自分がならないと理解し難いかもしれないので詳しく解説していく。実は万垢になる人はかなり特殊な人生を歩んでいるか、やるべきことを継続的かつハイレベルにこなせるエリートか。そのどちらかであることが圧倒的に多い。そういう人たちとのリアルな交流はかなり刺激的だし、とても勉強になる。お互いに得意分野が異なるので、自分の知らない世界をど

んどん知ることができるのだ。実際、私も万垢同士の交流会を通じて、一見だと絶対に行くことのできないレストランに行けるようになったり、自分の知らない稼ぐためのノウハウを教えていただいて収益が倍増したりしているのだ。

そして何よりも、万垢になる人＝ツイ廃なので、無限にＴｗｉｔｔｅｒネタで盛り上がることができる。オンラインの交友関係がオフラインに発展することも多々あるのだ。Ｔｗｉｔｔｅｒでの出会いがきっかけで社長同士が業務提携したり、雇用契約に発展する事例も見てきた。本当にすごい。

次に②だ。逆にこれはわかりやすいメリットだろう。私の場合、有名スポーツ選手やセクシー女優とＤＭしたり、ずっとファンだった有名ユーチューバーと飲みに行ったりできるようになった。これはアカウントの信頼が担保されている（＝万垢である）からこそ実現するのである。実はフォロワー１０００人くらいのときに、めちゃめちゃファンだった元グラビアアイドルにＤＭしたことがあるのだが、《私のフォロワー数（４万人）を超えたらデートしてあげる》とあしらわれたことがある。金融機関の常識である「数字は人格」という名言は、ここでも成り立つんだなぁと悔しい思いをした。なお、つい最近フォロワー数を追い抜いていることに気づいたので、満を持して「フォロワー数追い抜きました！」と再びＤＭしてみたところ、秒でブロックされた。くそっ！

ちなみに、フォロワー１万人を超えると逆に一般人からの《会いませんか？》

みたいなＤＭはほぼこなくなる。相手側もどうせ会えないだろと思ってしまうのであろう。

次に収益的な話をすると、このあたりまで来ると、自己コンテンツ販売で30万～１００万円、法人案件で20万～40万円程度は月に稼げるようになる。この他に個別のコンサルサービスなどを立ち上げてプラスオンで月１００万円以上稼ぐ猛者を何人も知っている。いよいよ「日常がＴｗｉｔｔｅｒで非日常が現実」みたいな普通じゃない人生になってくるのである。私はフォロワー1.8万人くらいのときに出したｎｏｔｅの初月の利益が１６０万円程で、ここで確実に人生が変わったという実感を得たことを覚えている。また、ＹｏｕＴｕｂｅ

『年収チャンネル』に出演させていただいたり、講演会で話してくれないかなんてご依頼もいただけるようになった（顔バレが怖くて断腸の思いでお断りさせていただいたが）。最初は自分でも信じられなかったけど、これは現実なのである。

## 4 目の前に困難が現れたら〝ラッキー〟

「嫌なこと」「苦手なこと」「経験したことがないこと」をやらなければならない状況に陥ることが大人になるとある。特にサラリーマンだと個人的な感情で会社の意向に逆らうことは難しいから、基本的には逃げることはできない。

当たり前だが、このときに多くの人は

「あ〜○○社との交渉、嫌だなぁ。あそこの社長すぐ怒鳴るし苦手なんだよなぁ。それにそもそも私はこの商品を売ったことないし、上手く説明できるかなぁ。でもできなかったら会社で詰められるし…」

みたいな負の想像をしてしまい、暗い気持ちになるかと思う。これを完全に断ち切ることは難しくても、負の想像をプラスのエネルギーに転換させ、人生を豊かにすることは、実はできるのだ。

まず、このような状況に陥った際は「もしこの件で失敗しても死ぬわけではない」という大前提を思い出すのだ。もっと言うと、万が一失敗したときの最大損失は何かを事前に理解しておこう。前述の例で言えば、せいぜい会社で怒られるくらいである。

しかも怒りたくて怒ってる人はいなくて、上司は立場上あなたを詰めないといけないというロールをこなしているだけで、多くの場合、あなたを憎んでいるわけではない。これが大前提なのだ。

ここまで腹落ちしたら、次にこの困難に立ち向かうことで得られるメリットを考えてみよう。

今回のケースだと、

「会社で評価されるかもしれない」「気難しい社長と会話することで自分のコミュ力が鍛えられる」「もしこの案件が受注できたら1週間は営業活動をサボってもノルマ達成できそうだ」「今後この商品についても説明できるスキルがつくので次からの仕事がラクになるな」「取引先の近くにおいしいラーメン屋がある

から終わったら食べて帰ろう」

といったみたいに、何でもいいのでとにかくメリットをすべて出し尽くすのだ。そうすると、今回のケースは失敗しても叱られるだけで、むしろ真剣に準備してトライするだけで多くのものを得られるということを、自分自身に腹落ちさせることができる。

こんなのすべてのケースにあてはまるのか？メリットがなくてデメリットばかりのケースもあるのでは？と思われるかもしれないが、経験上99％メリットが上回る。あたりまえだ。行動しないで逃避行動をとるよりも、目の前の困難に立ち向かったほうが多くの経験をすることができ、得るものがたくさんあるからだ。

逃げたら逃げたという事実だけが残り、自己肯定感が下がり、苦手なものはいつまでも苦手、やったことないことはいつまでも経験ゼロのままで、嫌な気持ちが消えることはない。このコントロール術を身につけることで、逃げ癖がなくなり、信じられないくらい成長することができるので、ぜひ意識してみてほしい。

人生めっちゃ楽しくなるぞ。

困難が目の前に現れたら〝ラッキー〟なのだ。

# CHAPTER 1

# おまえたちはどう生きるか

# 5 Ｔｗｉｔｔｅｒ婚活、本当におすすめだぞ

Ｔｗｉｔｔｅｒ婚活たるものを試しにやってみたことがある。本当に１か月だけだが。当時はまだ副業を始めておらず、テンプレに沿ってこんな感じでツイートしてみた。

**性別：男**
**年齢：アラサー**
**住所：港区**
**身長：四捨五入すると１８０ｃｍ**

体重：64kg
お酒：飲む
煙草：吸わない
学歴：大卒
年収：1200万
職業：金融専門職
休日：土日祝
趣味：グルメ、サウナ、読書、Twitter
一言：まずはご飯行きましょう！
#Twitter婚活

ツイートをしてから２時間ほどで30件前後のＤＭがきて驚いたことを覚えている。下手したらマッチングアプリよりも反応がいい。女性からの自己アピールの方法も様々で、顔写真を送ってくる人、同じテンプレを自分バージョンで返してくる人、こんな長所がありますと説明してくれる人など、どれも高い本気度を感じ、全員に返信できなかったことを今でも心苦しく思っている。「よくこんな顔もわからない、いつも変なツイートばかりしてるやつと会いたがってくれるよな」と、当時は不思議だったが、そのときのフォロワー数は１万人を超えていたので、「これだけ有名な人がどんな人か会ってみたいと思って、思い切ってＤＭしてみたんですよ」と、実際にお会いした方はおっしゃっていて納得した。

アカウントが巨大になると婚活まで有利になるのかとびっくりするかもしれないが、基本的に人間はみなミーハーなのだ。最終的に70通くらいのDMをいただいた時点で一旦締め切り、その内の10名弱とそのときは実際にお会いした。しっかりと事前のやりとりを通じてスクリーニングしたからか、変な人（私も変な人だが）にあたったのは1回だけで、その人は顔はかわいいのだが、ひたすら自分がいかに芸能人と遊んでいたかという謎の自慢話をしてきてかなりしんどかった。帰り際にもう1軒行きませんかとお誘いいただいたが、今日は帰りましょうとタクシーに押し込んで、私はサウナに直行した記憶がある。しかしその1名を除けば「昔モデルを少しやっていました」「CMに出演していました」といったような爆美女も数名いたし、総じてレベルは高かったことをお伝えしておく。実は〝見る専〟の鍵垢（非公開のアカウント）に真の爆美女は潜んでいたりするものなのだ。

まぁ、こんな感じで、とてもここには書くことのできない良いことも、逆に地獄のような出来事もたくさんあったのだが、総じてTwitter婚活はやってみてよかったと思っている。初アポまでお互いに顔がわからない状態なので、会うまでのワクワク感を味わうことができるし、事前のDMでフィーリングが合い、実際に見た目もタイプだった場合、待ち合わせの瞬間で絶頂を迎えることになる。こういうのは普通のマッチングアプリでは味わえない醍醐味だろう。ただし、あまり遊びすぎるとあっという間にウワサは広まり、最終的に垢消し（アカウントを削除、退会すること）まで追い込まれた大型アカウントを何人も知っている。安易に勤務先などを伝えてしまい、凸られて会社で干されてしまった人も知っている。本名は最初は教えない。勤務先も同様だし、安易に自分の情報を出しすぎてはいけないのだ。このあたりが難しいところではある。でも、みんな一度はやってみてほしい。ガチの婚活としても、エンタメとしても本当に優秀だぞ、Ｔｗｉｔｔｅｒ婚活は。

## 6 特別にフォロワーの増やし方教えちゃうよ

「Twitter運用に関するギンギンさんのnote、買いたいけど少し高くてためらってます」という声が結構あるので、ここでチラ見せしちゃおうと思う。序盤戦でのフォロワーの増やし方はこんな感じだ。

### 1．事前準備

まずはアカウントのコンセプトを決めよう。ビジネス・受験・ナンパ・婚活・

グルメ・エロ・子育て・写真・旅行・おもしろ系・情報まとめ・ひきこもり・ダメな自分を晒す・専門知識のシェア・短編ストーリー、などご自身で発信したいテーマを決めるのだ。なるべくご自身の経験に基づいたものがいい。テーマは分散させても最大３つまでのほうがいい。テーマがよくわからないアカウントはフォローする価値が他人から見えにくいので、伸び悩んでしまうからだ。たとえば私の場合、初期段階はキャリア×お金×婚活であった。

アカウントのコンセプトを決めたら、次にプロフィール欄に何を発信するアカウントなのかを含め、わかりやすく記載していく。

記載例については以下のような感じがいいだろう。

（例）ギャンブル狂のアラサーリーマン。年間収支＋50万～１００万で安定。パチンコ・スロット・競馬・競輪・競艇が主戦場。ギャンブル好きのみなさまに勝てる生の情報を発信していきます。初心者もウェルカム。将来的にギャンブルプラットフォームを立ち上げ予定。

ポイントは「あなたはどんな人で、何を発信しているか」を明確にすることだ。

どうだろうか？　上記ポイントが明確だろう？　ここも超重要だからしっかり考えて記載しよう。ただし、いつでもテーマは変更してＯＫ。あまり身構えすぎず、運用を開始してから、試行錯誤して自分に合うテーマを見つけていこう。

一方、あまり頻繁にアイコンを変えてしまうと、あなたをあなたと認識してくれる人が減ってしまうので、アイコンはここである程度固めておこう。風景よりも人物のほうがいいし、白黒よりもカラーがいい。そして匿名アカウントとして運用するなら、ネットに落ちている写真よりも似顔絵アイコンをおすすめする。

あなたがツイートした際、ツイートの内容だけを見ている人はいない。無意識にアイコンとアカウント名を見て、その人が誰なのかを認識しているのだ。だからパッと見で誰だかわからない人は大きく損をしていることになる。既存の有名インフルエンサーとは似ていない似顔絵アイコンを用意しよう。アイコンはアプリでいくらでも作れるから、どんどん作ってみてピンとくるものを採用すればOKだ。「ココナラ」などの有料アイコン作成サービスを使い、唯一無二のものを作ってもらってもいいだろう。

また、この準備段階でアルファアカウントのプロフィールやツイートをよく分析してみよう。その人になぜフォロワーが多いのかが見えてくるはずだ。フォロワーが多い人の特徴は以下のうちのどれかである。

・芸能人や社長等、有名人が実名運用
・特定分野のお役立ち情報を継続的に提供
・突き抜けた文章力
・見たことのない世界を見せてくれる
・人間的魅力にあふれている

・炎上等のトラブルメーカー
・過去、何らかのＴｗｉｔｔｅｒトレンドに載った
・顔出し爆美女

あなたはどのポジションを狙うか？　いちばんラクなのは２番目のお役立ち情報発信だ。テーマを決めたらひたすらその領域の発信をすればいいだけ。私が時折行うグルメ情報の発信などがこれにあたる。自分のテーマについてよく考えてみよう。決してあなたがその分野に精通してるプロである必要はない。ツイートして情報交換しつつ、学びながら発信を続けていけばいいのだ。しつこいが、完璧主義は絶対にＮＧである。

## 2．コミュニケーション

ご自身で発信していきたいテーマを決めたら、いよいよスタート。Ｔｗｉｔｔｅｒの検索機能を使い、似たようなユーザーをフォローしていこう。例えばお金について発信したければ、投資・マネーリテラシー・収入・年収・運用などのキーワードで検索し、引っかかったユーザーをフォロー。フォローされたユーザーはあなたのプロフィールを見て、「あっ、この人は同属性だからフォローしとくか」となり、フォローを返してくれることがある。実は序盤はこれの繰り返しなのだ。この作業は毎日行うようにしよう。ただし、やりすぎるとスパム認定されてしまうので、警告が出たらその日はやめよう。

なお、必ず上記作業（コンセプト決め・アイコン設定・プロフィール充足）を終えた状態でこの作業を行うのだ。あなたがどんな人かわからなければ、フォローしたいとは思わないからだ。

また、よくある質問で「こちらがフォローしてる人ばかり増えてしまっても問題ないですかね？」というものがある。いわゆる〝ＦＦ比〟というものだ。結論、「序盤はＦＦ比は無視でＯＫ」というのが私の考えである。フォロワー３００人あたりを超えたらＦＦ比が１倍を超えないよう徐々にフォローを解除していく方法をおすすめする。

また、あなたが有名になるには、有名人（たくさんフォローされている人）からリツイートされることが最も効果的である。あなたと有名人の興味の範囲が被っていれば、時としてあなたのツイートは有名人からリツイートされることがありうる。あえてリツイートされることを狙いにいく必要はないが、適度な距離感を持ってインフルエンサー行脚をしてみよう。バズるには発信力のある人からの拡散が不可欠だ。もし仮にブロックされたとしても何も気にすることはない。私なんて４０００人以上に嫌われてブロックされている（笑）。摩擦を恐れる必要はないのだ。

また、こちらからも積極的にインフルエンサーのツイートを引用リツイートしていこう。その際のコツは「ツイートの内容について肯定 ｏｒ 否定のスタンスを明確にし、その内容を補足もしくは自分の意見を端的に述べる」ことだ（明らかな誹謗中傷はダメだぞ）。

そうすると、そこに引用リツイート返しなどで反応してくれる可能性が高まり、あなたの存在が多くの人に知られることになる。そのときにプロフィールが魅力的だったらフォローしてくれる…と、こんな感じを繰り返していくことでフォロワーは増えていくのだ。

以上である。

これだけ？と思われるかもしれないが、本当にこれだけでいけるのだ。ただし、ツイート量は確保していただく必要がある。序盤戦は「事前準備」↓「コミュニケーション」&「自己発信」の流れを意識してみよう。もし、これよりもっと本気でTwitter運用に取り組みたい気になれば、私のnoteをチェックしてみることだ。

# CHAPTER 1

# おまえたちはどう生きるか

## 7 多様な価値観に触れれば人生をデザインできる

私はとあるスラム街で生まれ育った。信じられない人もいるかもしれないが、玄関の鍵は夜通し開きっぱなし、近所の人とはみんな顔見知りで、老若男女問わず仲良しという、全員が家族のようなひとつの集合体のなかで生活していた。

小学生のころは、近所に住んでいる先輩の家によく遊びに行き、夜ごはんも当然そこで食べさせてもらっていたし、逆に私の実家にみんなが遊びに来て、母の作ったカレーライスを全員で食べるというような生活を送っていた。裕福な家庭はほとんどなかったと思うが、誰も文句を言わず、いつも笑顔で我々子どもたちの世話をしてくれた、当時の友人のお父さん・お母さんたちには感謝しかない。もちろん自分の両親にも心から感謝である。

それで、何が言いたいのかというと、当時はそんな環境があたりまえだと思っていたのだが、大人になるといかに自分が異質な環境で育ってきたかが理解できるということだ。

ではここで、この特異な経験は今後の人生に与える影響としてプラスなのかマイナスなのかということを考えてみると、結論めちゃくちゃプラスである。

まず、私はこのような幼少期の体験から、「お金がなくても楽しく生きていくことはできる」「無償の愛は家族以外にも存在する」「でも時が経ち、ライフステージが変わると、仲の良かった人たちともあっさりと疎遠になる」「異質な環境に身を置いていても、比較対象と触れ合わない限り、それに気づける可能性は極めて低い」「同じ料理でもその家庭ごとで味つけは全然違う（ウチの母は料理がうまい！）」ということを少なくとも学んだ。

スラム生活という多様な価値観に触れてきたことで、一般的な人がなかなか気づけないことを早い段階で理解することができているのだ。さらにそこから「お金がなくても楽しく生きていくことはできるが、お金があると人生の選択肢が増え、さらに楽しく生きることができる」ということにも気づけた。当時の自分は大学生であった。

ではお金を稼ぐにはどうするかと考えたときに、当時は

「起業して年収3000万円くらい稼ぎたいけど、自分には経験もスキルもまだない。ならとりあえず30歳で年収1000万円を稼げる環境に身を置こう！　あとはハードワークで優秀な人たちと切磋琢磨する必要があるな！　どの分野で起業したいかはまだわからないから、お金まわりに詳しくなれる金融機関かコンサルティングファームがいいな。でもコンサルは自分のキャラと少し合わなそうだな」

という軸が自分のなかで生まれ、就職活動は大手金融機関だけに絞り、それ

を叶えた。小さなことかもしれないが、自分で人生をデザインして、そこへのマイルストーンを設定し、達成するということを繰り返している人は意外に少ないのではないか？と、思う。

私が今Ｔｗｉｔｔｅｒでこれだけの影響力を手に入れることができたのも、この〝人生デザイン力〟ありきだと思っている。今もＴｗｉｔｔｅｒを通じてどうなりたいのかということをデザインして、それを達成するためにはどうすればいいのか、ということを自問自答しながら、日々奮闘している。

こんな感じで学生時代に思い描いていた豊かで楽しい生活を、これまでの社会人経験とＴｗｉｔｔｅｒを通じて実現できたのだ。年収も３０００万を超え、本当にノンストレスの日々である。

経験の幅が増えると、同じ情報を吸収したときの思考の幅も増える。思考の幅が増えると、〝常識〟だけにとらわれない柔軟な意思決定ができるようになる。

私の柔軟な意思決定とは「起業リスクをとらなくても年収3000万を達成する方法はあるはずだ。本業でキャリア形成をしつつ、そこで学んだスキルを生かして副業することでそれは叶う」と気づき、それを実現させるために走り続けられたことにほかならない。

ぜひ、みなさんにもいろいろな経験を積んでほしい。嫌な経験も人生のヒントや糧になる。何もしなければ何も生まれないのだ。世の中は経験しないと判断できないことであふれ返っている。成功者はみな人生経験が豊富なのだ。今日から前向きに動いていこう！

# CHAPTER 1

# おまえたちはどう生きるか

## 8

# 本当はみんな副業に興味がある。やったもん勝ちだ。やれ

以前、Twitterで副業についてのアンケートを取ってみた。

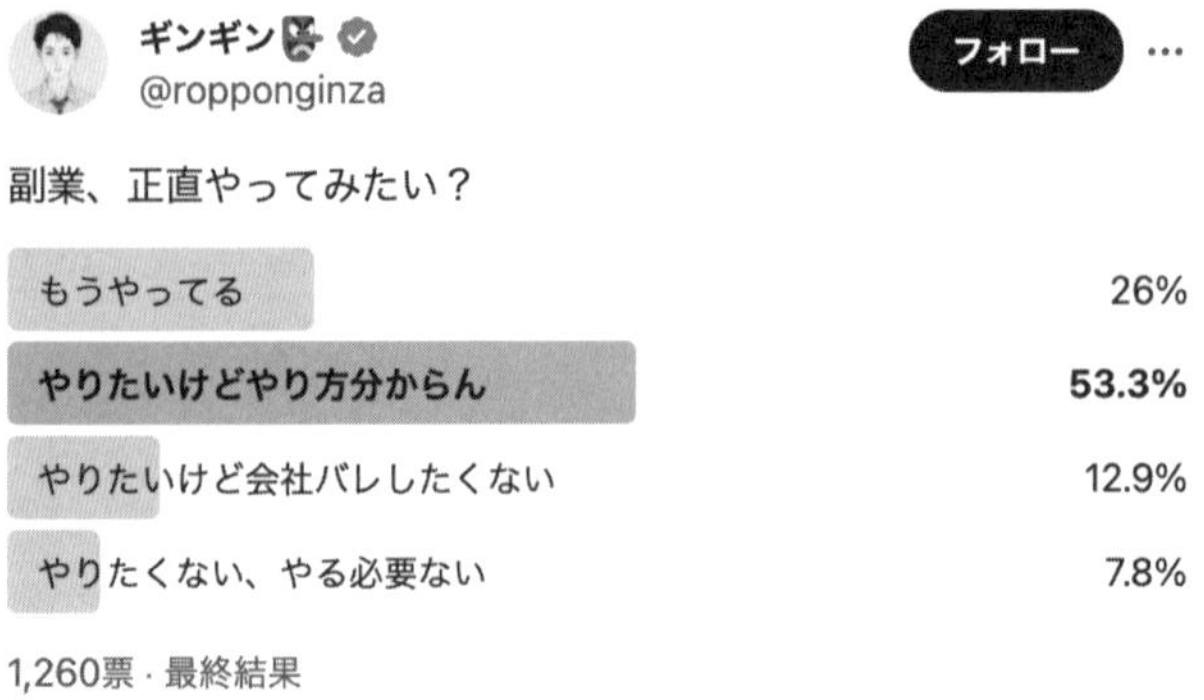
ギンギン
@ropponginza
フォロー
副業、正直やってみたい？
もうやってる 26%
やりたいけどやり方分からん 53.3%
やりたいけど会社バレしたくない 12.9%
やりたくない、やる必要ない 7.8%
1,260票・最終結果

見てのとおり、92％の人が副業に興味がある（もうやっている人も含む）ようだ。でも実際にやっている人は26％の人だけというのが現状である。

やりたいけどやり方がわからないという人が半数以上を占めており、みんな本当はきっかけとノウハウがあればやってみたいのだ。私の日々のツイートやこの本を読んだことで一歩を踏み出してほしいと心から願っているのだが、この「やり方」とは、稼げるようになるためのロードマップのことだと解釈しており、たしかにそれはあまり情報が出回ってないかもしれない。

私は今から2年前にそのことに気づき、自分のＴｗｉｔｔｅｒで稼ぐという副業ノウハウを「ｎｏｔｅ」というプラットフォームに落とし込み、それを販売した。

「何にどの順番で取り組めば収益化できるか」ということをまとめた内容である。これは実際に５０００部ほど売れる大ヒット商品となったのだが、購入者のなかには月収５００万円を安定的に超えている猛者が現れたり、始めて２か月で収益化に成功し、５万→10万→20万→40万と、ほぼ倍々に毎月の副業収入を伸ばしている人など、人生が変わるレベルの副業収入を得ることに成功している人がたくさん出てきているのが現状だ（本書で対談しているのでぜひご覧いただきたい）。

このように、後発組は稼げないといわれるようなほかのＳＮＳや仮想通貨などとは違い、Ｔｗｉｔｔｅｒはいつ始めても短期間で収益化までもっていくことができるのだ。自分の持っているノウハウを他人に販売して収入を得るという体験は本当に楽しく、やりがいのあるものだし、工夫次第で月に数百万単位で稼げてしまうという、常識では考えられないチャンスがＴｗｉｔｔｅｒには眠っているのだ。

こう書くと「私にはノウハウなんてない」という人が必ず現れるのだが、本当にそうなのか今一度自分のこれまでの人生を棚卸ししてみてほしい。ノウハウというと真っ先に思い浮かぶのは投資・資産運用・ライフプランニングのようなお金に直結する系や、就活テクニック・成功する転職のようなキャリア形成系の万人受けするテーマでないとダメだと思っている人が多いのだが、これはまったくもって間違った考え方である。

これまで私のｎｏｔｅを買い、その後に収益化に成功したテーマを思いつく限り書くと、ダイエット・競馬・病気克服・モテ・ファッション・おいしいお店紹介・子育てノウハウ・酔わない飲み方・早起きする方法・サウナの楽しみ方・メンタルマネジメント・語学上達・ＴＯＥＩＣ攻略・海外旅行入門書・国内の上質宿まとめ、など本当にたくさんある（ほかにもたくさん、本当に書ききれないほどだ）。

考えてみてほしい。世の中にその対象物が存在する限り、ニーズのない分野など存在しないのだ。私は虫が大の苦手であるが、世の中には虫が大好きな人もいる。なので、くどいようだが、一度過去の経験を書き出してみてほしいのだ。

そのなかで、「この分野なら他人に説明できるな」というものをノウハウとしてまとめ、「ｎｏｔｅ」などのプラットフォームを使って販売し、Ｔｗｉｔｔｅｒでそれを宣伝すればいいのだ。これだけでもう副業がスタートできているということを知ってほしい！

もちろん、効果的な宣伝方法やノウハウのまとめ方などはコツがあるのだが、実は大して難易度の高いものではない。やりながら自然と身につけることができるレベルだ。ここまで読んで少しワクワクした人はぜひ最初の一歩を踏み出してみよう！

人生が変わるぞ！

# CHAPTER 1

# おまえたちはどう生きるか

# 9 ストレスを上手に逃す方法

みなさん勘違いしているかもしれないが、私は「ストレスを感じない」のではなく「ストレスを逃すのがうまい」のだ。

でも、最初からそうだったわけじゃなくて、長い社会人経験のなかで自分を守るために身につけたものなのである。

今回ふと思い立って、ストレスに悩むみなさまに向け、ストレスを上手に逃す方法について記載してみようかと思う。〝ギンギン式メンタルマネジメント〟

とでも名づけておこうか。

## ●ストレス要因をしっかりと特定する

要は「なぜ、今、ストレスを感じているのか」ということを腹落ちするまで考えてみるということだ。例えば、「明日のプレゼンがうまくいかなかったらどうしよう」と悩んでいるとしよう。そこで思考を止めるのではなく、「もし明日のプレゼンに失敗したらどうなるのか」ということを掘り下げてみるのだ。そうすると、実はプレゼンで恥をかくのが嫌なのではなく、それによって同席している上司からの私の評価が下がることが嫌なんだということに気づいたりする。ここでさらに、上司からの私の評価が下がるとなぜ嫌なのかと考えると、例えば「来年度は昇格のタイミングで何としても上にいきたいから」だという答えにたどり着けたりする（本当はもっと掘り下げられるが、キリがないのでここでいったん止めておく）。

## ●行動方針を決めて行動する

さて、あなたの悩みのタネは「来年度に絶対に昇格をしたい」ということからきていることがわかった。そうすると、今後このような場面がくるたびにあなたはひどく緊張してナーバスになることが想定される。このままでは気持ちが持たないかもしれない。大切なことは、ここでしっかりと行動方針を決めるということだ。あなたは営業職なので、このようなプレゼンの機会からは逃れられない。そうすると、選択肢としては…

・死ぬほどプレゼンの練習をして圧倒的な自信を付ける
・上司と事前に入念なすり合わせを行い、失敗しても納得感を持たせ、自分だけの落ち度にさせない
・万が一失敗したときのために別の見込み先を確保しておく

というようなことが考えられる。

試しにこれを全部やってみてほしい。「これだけやって失敗したら仕方ないな」という気持ちになるはずだから。

この時点であなたの心はだいぶラクになっているはずである。なぜなら、「これ以上は解決策が存在しないものについて悩んでも無駄であるということを、人は本能的に理解しているから」だ。

あなたがもしここまでの作業を行わずにきてしまったら、自分でも何に悩んでいるのかよくわからないまま、気分の晴れない日々を過ごし続けることになる。実は「考えを放棄するとストレスはたまる」ということを理解できている人はかなり少なかったりするのだ。

## ●最悪の想定をしておく

あなたがさらにストレスを減らしたいのであれば、次に思考をめぐらせる必要のあることは、これだけやったにもかかわらず、上司から低評価を喰らってしまった場合についてだ。昇格の道が絶たれました。さあ、どうする？という ことだ。さて、ここでもう一段階掘り下げて考えてみよう。そもそも何で昇格したかったのだろうか？

・スケールの大きな仕事がしたいから？
・裁量権を持って働きたいから？
・年収を上げて生活水準を改善したいから？

しっかりと考えてみよう。

スケールの大きな仕事や裁量権が問題だったのであれば、それは転職することでも代替可能であることがわかるのではないか？　年収だけが問題なら、それこそ副業という方法もある。

ここまで掘り下げると「問題だと思っていたストレスのタネ（昇格できなかったらどうしよう）は、実は代替可能であることがほとんどである」ということもわかってくる。どうだろうか？　その悩み、本当にそんなにクヨクヨと悩む価値のあるものか？

長くなったが、以上をまとめると、ストレス要因を特定し、やるべきことを決めて行動し、最悪の事態が起きたらどうなるか、代替手段はないかということを考えておけば、ストレスなんて簡単にやっつけられるのだ。

要は、「向き合ってぶつかって、それでもダメなら逃げる」ということだ。

# 10 ギンギン的グルメな話

今回はグルメの話だ。

東京で物心ついたころから、私はお店を開拓をするのが好きだった。もともと好き嫌いがまったくなく、繊細なつくりの和菓子から肉々しいステーキまで、オールジャンルいけるということも影響して、ありとあらゆるお店を開拓することが趣味のひとつなのである。

そこで今回は書籍出版を記念して、「夜、お酒を数杯飲んでも1万円前後で楽しめる港区の名店」を5つ紹介していこうと思う。出し惜しみはしないぞ。

**1　ラス／表参道（¥1万前後／人）**

季節感あふれるモダンフレンチのお店。雰囲気も抜群で、ゴージャスな女子会にも良し、20代の若者であれば記念日デートにもバッチリ使える。フォアグラのクリスピーサンドが有名だが、それ以外の料理もすべてハイクオリティで、飽きのこない構成となっている。文句のつけようのない名店なのだが、駅から若干遠いからなのか、予約が取りやすいのもまた素晴らしい。

## 2 series／六本木（¥1万2000前後／人）

ミシュラン3年連続で星を獲得している少量多品目中華の名店。26品目で構成されるコース料理に、お酒はペアリングで味わうことができる極上のエンターテインメントである。本当にすごいお店だよ、ここは。最初から最後までワクワクしっぱなしなのよ。次の料理はどんなのがくるんだろうと、ソワソワしちゃうよね。しかもひとつの例外もなく全部おいしいので、満足度でいったらここに勝てるお店はないかもしれない。価格帯は正直2倍でもおかしくない。予約は最近取りやすくなっているので、トライしてみてほしい。

## 3　デンクシフロリ／表参道（¥1万4000前後／人）

和とフレンチの融合した串料理という、新しい世界を見せてくれる名店。『傳（でん）』のシェフ長谷川氏と、『フロリレージュ』のシェフ川手氏のコラボレーションから誕生したお店。独創的な串料理は見た目にもこだわっており、大げさではなく料理を拝むだけで幸せな気持ちになれる。そして、旬の食材を使用した〆の炊き込み土鍋ごはんが震えるくらいおいしい。先日（初夏）おうかがいした際はとうもろこしの炊き込みごはんだったのだが、涙が出るほどのクオリティだった。少し値は張るけどペアリングがおすすめだ。

## 4　おそばの甲賀／六本木（￥8000前後／人）

　ここよりもおいしいお蕎麦屋さんを私は知らない。ここまで紹介したお店は一人で訪問するのはだいぶ勇気がいると思うが、ここは一人飲みにも最適だ。私もよく行くので会うかもしれんな。おすすめは蕎麦前コース４５００円だ。まずはこれを頼み、好きなお酒をおともにコースで出てくる前菜三種盛り・変わり蕎麦・天抜き・刺身盛り合わせの流れを楽しむ。ここまででも至福のひとときを味わえること間違いなしなのだが、このお店は〆の蕎麦こそ真骨頂なのである。食べてみてくれ、飛ぶぞ。

## 5　居酒屋たぬき／六本木（¥8000前後／人）

いいか？　2対2の合コン、もしくは港区での初回デートは全部ここでいい。なぜなら以下のコースが最強だからだ。

★季節の旬の食材を堪能★贅沢おまかせ　7品コース＋フリーフロー（飲み放題　100分）セット

（※食べログより抜粋）

雰囲気もいい、サービスもいい、食事もおいしい、それでいて飲み放題なので財布を気にすることなくその場を楽しむことができるのだ。合コンなら個室を指定し、デートならカウンターにするべし。価格は８８００円の定額！

ガンガン使っていこうぜ。

# CHAPTER 1

# おまえたちはどう生きるか

11

# 2030年、本業×副業がスタンダードになる

2030年、本業×副業がスタンダードになる。

以前こんなツイートをしたことがある。

ギンギン

@ropponginza

5年後は週4勤務が当たり前になる代わりに賃金がカットされ自助努力で不足分を補わなければならない社会になる。勤め人は副業するのが当たり前になり、先行投資組は本業をはるかに上回る収入を手に入れストレスフリーの人生が手に入る。5年前を思い出してほしい。YouTuberとか馬鹿にされてただろ。

午後8:54 · 2023年9月12日 · **5.6万** 件の表示

特に大きな反響はなかったものの、私は少なくとも２０３０年にはこの状況に酷似した世の中になっていると思っている。

２０００年、まだまだ転職という概念は一般的ではなく、新卒で入った会社を去ることは逃げだと後ろ指を指される雰囲気だったと聞いている。エージェントサービスもまだまだ未発達で、そもそも求人を探すことすら困難だったという。

２０１０年、ようやく転職という概念が一般化されつつも、新卒一貫主義のまま、中途採用を一切行わない大手企業もたくさんあったと記憶している。このころ、副業などは話題にも上がっていない。ＴｗｉｔｔｅｒやＹｏｕＴｕｂｅ

は世の中に存在していたが、今ほどの盛り上がりはなかったし、ＳＮＳで稼ぐという発想すら、誰も持ち合わせていなかっただろう。

２０２０年、コロナ禍で「リモートワーク」という新しい働き方が生まれ、人々は自由な働き方を選択できるようになった。女性活躍推進が謳われ、男性の育休取得を企業が後押しするなど、性別にとらわれない〝平等〟な人生を得る権利を獲得した。一方で、キャリア形成などは自己責任論が台頭し、会社が定年まで社員の面倒を見るという価値観は、一部の超優良企業を除き、消滅した。転職があたりまえとなり、同時に副業で人と繋がり、新たな収入源を得るような〝能動的キャリア選択〟が人生をより豊かにする時代となった。考えることを放棄してしまい自主的に活動できない人には大変厳しい世の中だと思う。

ここ10年の変化はこれだけではない。以前は懐疑的な目で見られていたＹｏｕＴｕｂｅｒは子どもたちの憧れの職業となり、もはや芸能人と同様の扱いとして見られている。

さて、ここまで読んでみると「想像もできなかった世界が10年後には我々の前に現れる」ということがわかるだろう。２０３０年も間違いなく我々がまったく予想だにしなかった世界が広がっているということになる。ここからは私の妄想なので、当然すべてそのとおりになるわけではないが、現状の変化から見るに、少なくともこういう変化が起こりそうだなということを羅列してみる。

1　治安悪化
2　格差（貧富・モテ・容姿などすべてにおいて）拡大
3　副業の一般化
4　新卒一斉採用の廃止↓同企業内新卒年収の差別化
5　選択的週4日勤務 and 選択的平日休暇（土・日出勤）
6　金融教育の強化
7　X（Twitter）の実名化

みなさまはどうお考えだろうか。Twitter上でぜひ議論しましょう。

ここでは全部取り上げるのは難しいので、③の「副業の一般化」にフォーカスして持論を語りたい。

実はすでに厚生労働省が「副業・兼業の促進に関するガイドライン」というものを作成していることをご存知だろうか。ざっくり言うと、個人は副業をやり、老後資金を蓄えなさい！そのために企業は個人の副業を認めなさい！という国からのメッセージなのだが、ここから見るに、我々世代は、もはや公的年金制度に頼れるような老後とはならないことがよくわかるだろう。

会社で学んだスキルをよそで生かし、稼ぐ動線を自ら作り上げる必要があるということだ。

そしてそれを実現するにはＳＮＳの活用が不可欠である。あなたの存在、持っているスキルを世の中にオープンに発信することは、案件を獲得するためには最適な方法だからだ。

これは断言するが、今のうちからＳＮＳをガチっておけば、２０３０年には先駆者として優位的な発信をすることが可能になる。絶対に今からＳＮＳを活用した発信を始めるべきだ。２０３０年には自己メディアを持つ人と持たない人の間にとんでもない格差が生まれることになるだろう。発信する側と受け取る側、どちらが得るものが多いだろうか？　間違いなく前者の発信する側が有利な社会となる。

副業だけではない。本業の職探しから彼氏・彼女を見つけること、情報収集まで、すべてがＳＮＳ上に集約される。Ｘ（Ｔｗｉｔｔｅｒ）で言えば、公式の法人アカウントが乱立され、ダイレクトリクルーティングが選択肢のひとつになるだろう。本当にほしい情報は出回らず、非公開グループ内で共有され、影響力を持つものだけが情報を得ることができるようになるだろう。このようにＳＮＳ格差も拡大していく。「だからそのときまでに影響力をつけておけ」というのが、私からのメッセージである。

## 12 ギンギンはこう生きる

情報があふれ、常に取捨選択を迫られる令和において、私は「自分軸で生きる」ことを常に心がけている。これは言い換えると、「自分の気持ちに正直に生きる」ということだ。

多くの人の行動や選択は、実はかなり他人の評価や意見に左右されがちだ。もちろんこれを全否定するわけではなく、例えばあなたがサラリーマンであれば、クライアントや上司の意向をくみとり、業務遂行する必要があるので、ある程度はやむを得ないとは思う。しかし、ほとんどの人が仕事を離れても、過剰に他人の目を気にして生きているのではないだろうか。あなたがやりたいことではなく、あなたがそれをやると他人から「すごいね」と評価されることを優先してはいないだろうか。承認欲求を満たしたいという気持ちからこのような行動が優先されてしまうのかもしれないが、偽りの自分を承認されて本当に幸せなのだろうか？　あなたのやりたいことをやって、最終的に認めてもらえるのであれば、そのほうがいいのではないだろうか。

もう少し書いてみよう。

例えば、「私が公務員になったら両親が喜び、安心してくれるから」という理由で、就職活動の軸を決めてしまう人がいたとする。このような自己犠牲の精神は、一見素晴らしいもののように思えるかもしれない。しかし、よく考えてみてほしい。普通、両親はあなたがＩＴエンジニアになりたいとか、ネイリストになりたいというような決断をしたとしても、あなたが腹を括《くく》ってその道で本気で頑張れば、応援してくれるのではないだろうか？（もちろん向き合って、なぜこの道を行くのかという説明をする必要はあるが）

反抗して戦えという意味ではない。本当にやりたいこと、本当の自分を大切な人たちに伝える努力をしようということだ。

また、「私が主体的に考えなくても誰かが助けてくれるからいいや」といった類《たぐ》いの考え方も人生を後退させる要因となる。このマインドで生きていると、経験を積む機会を失い、自分の軸が定まらない。結果、他人の人生を生きることになる。

人生は暇つぶしで、ただ何となく毎日を過ごせればいいという人は最悪それでもいいのかなと思うが、この本を買ってくれたあなたはそうではないだろう。

では、なぜこのように他人の評価に依存し、他人が喜ぶことを優先し、そのくせ他人から助けてもらうことをはじめから想定した生き方になってしまうのだろうか。

それは、あなたにマイルールがないからだ。

マイルールさえあれば、思考と行動はブレない。例えば私の場合、以下の7つのマイルールを心に刻み、日々生活している。

☑**欲望を否定しない（欲しいものは全力で獲りにいく）**

☑**苦しいときこそ成長の糧ととらえ立ち向かう（自己成長のチャンス）**

☑**でも本当に無理なら潔く諦める（体を壊しては元も子もない）**

☑**カッコよく生きる（カッコいいかどうかの基準は自分が決める）**

**☑大切な人を大切にする（期待に応えるのではなく、愛を与えるという意味）**

**☑人との縁を大切にする（「ギブファースト」の精神があれば人の輪が広がる）**

**☑一日の最後に、頑張った自分を褒めてあげる（お風呂やサウナで心のメンテナンス）**

このようなマイルールを設定するには、中長期で成し遂げたいこと＝ゴールを決めてあげるのがいいだろう。終着地点が明確になれば、そのためにどのようなマインドで生きるべきかということが見えてくるからだ。

ちなみに私のゴールは「自分が宇宙のチリになるとき、時の狭間で過去を振り返り、幸福感と達成感、安らぎを同時に味わいながら眠ることができる」である。

あなたのゴールは何ですか？

そして、そのゴールに向かうために設定すべきマイルールは何ですか？

週末、ゆっくりと湯船に浸かりながらでも考えてみてほしい。マイルールが定まれば自分のための人生が始まるぞ。

一度きりの人生を楽しもう。

CHAPTER-2

# 初めて語られる ギンギンのすべて

ギンギン氏のアカウントをつぶさにさかのぼれば、どのような人物がどのような生態で、どのような人物と関わり、どのようなことを訴えようとしているのか、おぼろげなアウトラインは見える。だが、彼のマネタイズ論を彼自身に書き下ろしてもらったプロセスで、ツイートを追っているだけではわからなかった「人となり」も現れた。せっかくの書籍化だ。そこでＣＨＡＰＴＥＲ-２では、第三者の目線から彼に素朴な疑問をぶつけてみることで、ギンギンの説得力に血を通わせてみたい。

取材・文：井上佳子

## 【　ギンギン＠ｒｏｐｐｏｎｇｉｎｚａ」　とは　】

――ＣＨＡＰＴＥＲ-1では、具体的なＴｗｉｔｔｅｒ副業の戦略について存分に書き下ろしていただきました。次いで本章では、そんなギンギンさんのバックボーンに迫ってみたいと考えています。

了解しました。

――まずアカウント名について。インパクトのある、アカウント名の「ギンギン」やＩＤの「ｒｏｐｐｏｎｇｉｎｚａ」

**これらの命名の由来を教えていただけますか。**

最初のきっかけは、30歳を間近に本気で婚活をしてみようと考えたことです。手始めに、今のTwitterアカウントを作りました。六本木と銀座によく行っていたので、「じゃあロッポンギンザでいいか」と、まったく深く考えずにつけたアカウント名だったんですよ。「ギンギン」という名前も、「銀座」が好きな「銀行員」で「ギンギン」でいいやくらいの、本当に軽い気持ち。まわりから指摘されて卑猥《ひわい》なニュアンスに気づいたくらいです。言われてみればたしかに、婚活アカでギンギンはちょっとダメだなって話ですが、まったくそんなつもりはありませんでしたね。今となっては覚えてもらいやすい名前だし、わかりやすくて良かったなって思っています。

**――これからアカウント運用を考えている人は、それくらい潔く割り切ったほうがいいんでしょうか。**

女性でも、私よりヤバいアカウント名の人はたくさんいますから、あまり深く考え過ぎなくてもいいと思いますね。「このアカウント名でよくBANされないな」と心配になるような人もいますけど、たぶんそういう人は他人からどう思われたら恥ずかしいかより、目立ちたいって気持ちが上回っているだけなんですよね。承認欲求が強いと言ってしまえばそれまでですが、それだけわかりやすさ、インパクトって重要だと思います。だいたい私自身も、自分がここまでのアカウントになるとは想定しないで始めましたしね。アカウントを消したり、新たに作り直したりも一度もせず、ここまできています。

**――明確なブランディングをして始めたわけじゃなくても、ここまで成長できる良い事例ですね。**

そうなのかもしれませんね。

**――炎上上等というスタンスも特徴的ですが、いっぽうで炎上やクソリプに耐えられない人が多いのも事実です。時には人格否定レベルのリプも飛んでくることもあるかと思いますが、どのようにやり過ごしてきたんでしょう。学びが多そうです。**

クソリプみたいな内容を現実世界で面と向かって言われたらそれは傷ついたり怒ったりもあるかもしれませんが、知らないアカウントが知らないアカウントに、勝手に言っているだけですから。私は本当に、何も、まったく、ノーストレスなんです。「知らない他人に対してよくここまで言えるな」と不思議に思うこともありますが、そんなときは逆に楽しくなって「また変なのが沸いてきたなぁ」と思いながら、時間に余裕があればやり取りもする。誰かの自分に向けられた投稿内容で、ショックを受けたりは一度もないですね。

**――想定していなかった方向から思いがけない言葉を浴びせられたら、ついショックを受けて悶々としそうです…。**

もちろん、100件に1件くらいは「なるほど、今指摘されたことは、こちら側の視点の人には寄り添っていない発言だったな」と反省させられることもあります。そういうときには、素直にすみませんと謝ります。

**――そういう視点に気付かずに今まで生きてきたんじゃないかと、現実世界や周囲を振り返ってしまいそうです。**

もしそうだったら日常の人間関係にすでに悪影響が出ているでしょうから、気づく場面はいっぱいあったと思うんです。だけど、現実にはそうした問題が起こっていないんだから大丈夫かって客観視していますし、そういうメンタルを維持すればいいだけ。そんなことより、仕事で失敗して詰められるほうがよっぽどツラいですよ。

**――ネットでの誹謗中傷で病んだり命を絶つほど追いつめられる人もいるわけです。なので、大量のクソリプも飄々《ひょうひょう》と交わせるメンタル維持法をもう少し教えていただければと。**

ネット上でモノを発信している人のなかには、本職など自分の核となるものを本気で発信しているパターンがあるいっぽう、単なる心の垂れ流しをしているだけのものもあるじゃないですか。で、後者のツイートにどれだけ言われても、「ふぅん」となるだけですよね。それをかわすのが得意か苦手かは人によるので、他人の垂れ流しでも人格否定されたように感じてしまう打たれ弱さを自覚している人は、自分のアカウントも「しょせんバーチャルな人格なんだ」と割り切れるメタ認知能力は大事かもしれませんね。

**――ギンギンさんも、今おっしゃったように自身のアカウント「ギンギン」と「本来の自分」を切り分けてとらえているんでしょうか。**

ちょっと待ってくださいね…。今、自分のことを整理してみたんですよ。私はこれまで何かに忖度したツイートをしたこともなく、「ギンギン」は本当に等身大の自分を出し続けてきたアカウントなので、そこに距離はほぼありません。とくに現実とバーチャルを切り分けてもいません。ただ、いくら素のままの私自身を出しているという「ギンギン」であっても、そのツイートだけで叩いてくる人は、断片的な私のツイートを読んでいるだけなので、「いや、私はこれがすべてではない」と思っているところが根底にありますね。

——根本的に健全な強メンタルなんですね（笑）。でも、そういう肩の力の抜け方が、5万フォロワー超えまで成長できた要因なのかもしれませんね。

## 【巨大アカ成長への自己分析 ①読み書き好き ②相性 ③メンタル】

——フォロワー数を伸ばせた理由を、ご自身ではどのように分析されていますか。

自分なりには、3点に集約していると考えています。メンタル要素もあるんでしょうが、やはり一番は読み書き、とくに読むのが好きなこと。僕、Twitterって一生見ていられるんですよ（笑）。「これを書いている人は何を考えてこう思ったんだろう」とか考えるのも好きだし、140字というプラットフォームも自分と相性が良かった。今回の本の執筆にあたり、長文はやはりすごく大変だと改めて実感したんですが、140字程度なら全然平気。人間、自分の言いたいことを書いたらだいたいちょうど140字くらいになるじゃないですか（笑）。

——よくわかります。

あと、自分と違う意見に出会ったとき、反応するかブロックするか、人によって対応の仕方って様々ですよね。ただ私の場合、そうやってコミュニケーションを「絶つ」道はほぼとらず、時間が許す限り相手と対峙《たいじ》するんです。それによって、丁々発止を冷静に見守るギャラリーが生まれて、私と他人とのやり取り自体がどんどん可視化されて、私の考え方に賛同する人、おもしろがる人などを巻き込んでいったんです。それに伴って、アカウントの認知度も自然と上がる。結果的にフォロワー数も伸びていったんですよ。

**——意見がぶつかったときのやり取りって、咄嗟《とっさ》の対応力が求められるぶん、用意していたツイートよりも生々しくその人らしさ、人間性がにじみ出ますよね。ギンギンさんのある意味で誠実な対応のスタイルを見て、フォロワーになった人も多いかもしれません。**

よくいただくDMに、「私は人に絡まれたときに強く言い返せないので、ギンギンさんに言っていただいてスッキリしました」というコメントがあるんです。みなさん、絡まれたときに消化できない経験が多いんでしょうね。そうした共感は、なかなか狙って集められるわけではないので、結果的には他人と差別化できたかもしれません。見渡してみると、私と同じことをやっている人はあまりいない気がしますね。でもそれもすべては、人との対話が好きなことに尽きます。

**——Twitterと相性が良かった証拠ですね。SNSは他にも多くの種類がありますが、今後Twitter以外に進出していく予定は?**

今は他の方からインスタグラムやブログのマネタイズのノウハウを教わっているので、徐々に進出していきたいと考えています。YouTubeだって、やってみたいと思っていますよ。なんにせよ、やってみて「このSNSは苦痛だな」と思ったらやめればいいだけのことだと思っています。私もTwitterは、マネタイズ面で攻略してやろうと考えて始めたわけではなく、楽しんでいるうちに、これで儲けられるんじゃないかと思っただけですから。

【 the history of ギンギン 「失恋」「一族初の大卒」「バケモノ同期」 】

**――CHAPTER-1のなかで、ご自身がスラム街出身だと明かしていました。アカウントから受ける印象で、てっきりホワイトな環境で育ったというイメージを抱いていたので、意外な生い立ちでした。現在のギンギンさんを構成するに至るまでのストーリーを改めて振り返っていただけますか。**

普通に両親がいる家庭の子でしたが、CHAPTER-1で書いたとおり、全然お金のない地域の、低所得者層が住むような町で育ちました。幼少期は、90年代ですね。両親ともに大学も出ていないので、「大学に行け」とか「勉強をしろ」とか、一度も言われたことはありませんでした。人生においてそれで困ったことがないので、上の世界が存在することを知らない、知る必要もないんですね。普通に地元の公立小中学校を出て、勉強もせず入れる高校に進学して、大学進学とも無縁に卒業しました。一貫して、上昇志向を持ったこともありません。でも、それをあたりまえだと思って楽しく学校生活を送っていました。なので、高校を卒業してもとくにやりたいこともない。働いてもいませんでした。そんな私を見かねたのかよくわかりませんが、あるとき、父が大学のオープンキャンパスに連れていってくれたんです。

**――ちょっとした衝撃が走る予感です。**

キラキラとして、楽しそうな同年代の人たちがいましたよ。一転、自分は黒いオーラをまとっている。「俺とはまったく違う、すごい世界があるんだ」と思いましたね。それで、この人たちはどういう人なんだと思って調べてみたら、その前にまず予備校というものがあるらしいとわかって。予備校の先生って教えるのがうまいじゃないですか。それで授業を体験してみたら、初めて勉強も結構おもしろいことを知ったんですよね。ひとつの転機だったと思います。

**――なんだか、絵に描いたようにわかりやすい流れです。**

ただ、予備校に通っても頑張れない人はいるんですよ。現に、予備校でできた友だちのなかでもうまくいかなかった人はいました。でも、自分がなぜそこで頑張れたのかと考えてみると、高校を卒業する直前、初恋だった同級生に初めて勇気を出して告白して、フラれた経験が思いあたったんです。

**――原体験として大きめに残りますよね。**

二度と思い出したくないほどみじめで悔しかった出来事ですね。だけど、その克服の仕方がわからなかった。そのとき、「何事も努力するしかないんだ」という真っ当なことに思い至った気がするんです。初めて「こんな自分のままじゃいけない」と思ったというか。予備校に行くと、朝から晩まで勉強している人たちがいるんですよ。ビックリしましたね。「こんなことをやらないと無理なのか」と初めて知りましたから。でも逆に今まで、努力することを考えたこともない自分のほうがおかしかった。こっちがどうかしていたんですよ。これからは、自分でやらなきゃいけない、切り開かなきゃいけないんだと切り替わりました。結果的に浪人という形ですが、なんとか第一志望の大学へ合格できました。家系のなかで、初めての大卒です。

**――18歳までまったく勉強習慣のなかった人が浪人で難関大学に受かること自体、ちょっとした快挙ですよ。根本**

的に要領が良かったんですね。

いや、合格した大学は最高でもC判定でしたし、やっぱり運が良かったんだと思います。

——とはいえ、18歳以前とはずいぶんと見える風景も変わった。

いや、大学にはいろんな人がいますから、学生生活は楽しかったんですが、案外そこまでの「人生が変わった感」はなかったんです。決定的に世界の違いを感じたのは就職してからですね。同期入社が200人ほどいるんですが、そのなかには「灘から東大」みたいな人も大勢いて、先輩にも上司にもとんでもない頭のいい人がうじゃうじゃいるんです。これより上の世界に上がるのは絶対に無理だと思いましたね。

——これまでのような自助努力程度では、その属性に所属できない。

学力や学歴はなんとかなっても、社会はその人がそこまで来るなかで培ってきた力を発揮する場所ですから、付け焼き刃の自分では話にならないと思いました。そこから俯瞰《ふかん》して自分の道を考えたんです。適わないとはいっても、わざわざキャリアダウンをする必要はまったくないから、仕事はこれはこれでいい。でも、互角に戦えない人たちと同じ土俵にいては勝てっこないし、そもそもそういう人は会社でも重役になったりするんだから、自分とは方向性が違う。そんな認識が、今の自分=ギンギンを作った大きなきっかけのひとつですね。

——失恋、オープンキャンパス、就職先での出会い。この3つが大きな転機になりそうですね。ただお話をうかがっていると、いずれの転機についても「なにくそ根性」のようなこじらせが次のステップの原動力になるような、負の感

**情に取り憑《つ》かれた印象はないんですね。**

その要素が唯一あるとしたら、さっきお話しした初恋の失恋に尽きますね。ただ私、そもそも巨大なバーを自ら設定して、それを乗り越えてやろうというタイプではないんです。何事も「頑張ったらそのぶんだけ成果は跳ね返ってくるんだな」程度の認識。大学も仕事も、すべて「自分はこんなもんだ」と理解して、そのなかでどう工夫するか。だって、1個しかない枠の中に2人の人間が入ろうとしたら、どちらかが勝ってどちらかは負けるのは仕方がないこと。それについて、いちいち腐っていてもしょうがないじゃないですか。

**――ただただ、枠内に入るか否かは運もある、みたいな。**

そうですね。キラキラして見えたオープンキャンパスに「この世界を知らずに人生を終えていいのか」という無力感を覚えたのは事実です。だけど、そのキラキラを一生知らない側の人もたくさんいるわけです。例えば、私の卒業した中学校には100人ほどの同級生がいましたが、難関私大に進学したのはたった2人、国立は皆無。今も地元に帰れば彼らと仲はいいですが、社会的な属性は二極化しているのを感じます。音信不通レベルの、悪い方面にいってしまった人もいます。そう考えると、自分の置かれた場所がキラキラと遠いことにきちんと向き合ったのは良かったとはいえますが、それも努力や能力より、運が大きいんだと冷めて見ています。

**――どこの親でも息子をオープンキャンパスに連れていくわけではないですもんね。**

そうなんです。そこも運です。そう考えると、腐っても仕方がないわけです。俯瞰して、自分にできる程度のことをやるだけです。

## 【祝・ギンギン結婚!! 出会いはやっぱりTwitter】

――ところで、今年ご結婚されたとのこと。おめでとうございます！

ありがとうございます。

――お相手の方と、出会ったきっかけなど、可能な範囲でうかがえますか。

出会いはTwitterを通じてです。すでに「ギンギン」は婚活アカウントではなくなっていたころだったので、普通にメッセージのやり取りをして、オフ会でリアルにお会いして、お付き合いも深まってという、極めて一般的な恋愛と同じような流れですね。もともと1年以上やり取りをしていたので、気の合う友人という段階を経て、「一緒にいると楽しい」という感じになりました。

――出会いがTwitterだと、いつ「実は自分はギンギンというアカウントの中の人なんだ」と正体を明かすかの葛藤が不要ですね。

そうなんですよ。そこは本当に良かったですね。事情を知らなければ、自分の夫が一日中スマホを触っていたら嫌でしょうし、人によっては「こんなアカウントをやっているのか」と後から知ったときにショックを受けるかもしれないですからね。スタートが「ギンギンを知っている前提」なのは助かりました。付き合い始めたのは2021年ごろですが、すでに当時から1万人以上のフォロワーはいたので、私が頻繁に炎上しているのも妻は知っていました。

**――付き合い始めた当初は、お二人ともTwitter副業でギンギンさんがここまでマネタイズに成功する未来は思い描いていなかったと思いますが、それについて奥様から何かコメントはありますか？**

「頑張って」と笑って見てくれています。妻もアルファツイッタラーですし、月収10～20万程度ではありますが、Twitter副業でマネタイズしているので、そこらへんのこともお互い理解していますね。

**――既婚者となることで、今後のアカウント運用に変化はありそうですか。**

人によっては、未婚か既婚かでアカウントのブランディングも変容しますよね。結婚しているほうが「きちんとしていそう」という信頼感が担保されることもあるでしょうし、「結婚しているのに、いまだにこんなこと言ってるの？」という批判的な目があることも理解しています。だけどその意味で、私のアカウントのブランディングは結婚による影響は全然ないし、これまでのツイートとの矛盾もないだろうと思っています。むしろ今まで「男性はこうあるべき」的なことをつぶやくと、独身のテイでいるせいで、「でもおまえ、そんな偉そうなこと言っておきながら結婚してないじゃないか」というリプが頻繁にきていたんですよ。そのたびに「いやぁ、本当は結婚しているんだけどなぁ」という思っていたので、早くオープンにしたかったくらい。5年もTwitterをやっていれば、みなさんと同じようにアカウントの中の人のライフステージも変わっていくのが当然。まわりの人たちと一緒に進化していってあたりまえだと認識しています。

**——今後は、既婚者のスタンスから物申せることで、アカウントの広がりも出そうですね。**

そうですね。子どもが生まれたら子育て方面にもいけますからね。

**——最後に「X」の今後についてうかがいたいです。**

ちょうど書籍のオファーをいただいた後のタイミングで、Twitterの名称がXになったんですね。そんなタイミングでの書籍も、なんか妙にいいなって思っています。「やっぱりギンギンさんはツイッタラーなので、原稿は基本的にTwitterでいきたいです」と編集担当の方がおっしゃってくれて。私もやっぱり、なんだかんだ言っても「Twitter」だし「ツイート」なんですよ。「X」になっても、自分の言いたいことを、言いたいタイミングで発信するコミュニケーションツールだという点では、スタンスはこれまでと変わらないと思います。ただ、そこからどうマネタイズしていくかは、もしかすると今まで以上に考えないといけないかもしれないな、とも思っています。なぜ名称が変わったかって、Twitter社の業績が悪かったからじゃないですか。つまり、Xになったってことはこれまでの仕組みからは絶対に変わるってこと。この変化には対応しないといけないので、しっかりキャッチアップしていこうと思っています。

CHAPTER-3

# なぜバズる？ なぜ炎上する？ ギンギン厳選ツイートを分析

## ギンギンからのコメント

このツイートを見たときどう感じましたか？ ついつい自分と比較しちゃいませんでしたか？　それが狙いでした。「**自分は人とくらべてどのポジションにいるのか**」ということを気にして生きている人はあまりにも多いんですよね。それを利用したツイートでした。

ギンギン的「バズった」ツイート

## その1

Twitter をやっていると信じられなくなる
日本の真実

①労働者年収の中央値は 399 万
② MARCH は上位 8% の学力
③ 30 歳男性の内 3 割が童貞
④ 2 人に 1 人は本を全く読まない
⑤半数が自分は将来結婚できないと認識

これを見ても日本人は真面目だと思いますか？大半は怠け者で、現状打破する気力もないんですよ。

20　578　3216　午前 8:04・2022 年 5 月 22 日

## ギンギンからのコメント

狙いどおり炎上し、**一撃でフォロワーが1000 人弱増えた**ツイートです。「友人たちとワイワイできる空間を重視する人」と「食事のクオリティを重視する人」の間で意見が割れることは明白だったので、少し意地悪な煽《あお》りを入れつつツイートしたら、案の定燃えました（笑）。

ギンギン的「バズった」ツイート
## その2

一流店のランチ5000円は高いと言い絶対に行きたがらないのに、不味い酒と飯が出てくるチェーン居酒屋に5000円払っちゃうみなさ〜ん！

マネーリテラシーぶっ壊れてますよ！

188　2263　1.7万　午後10:15 · 2022年11月1日

## ギンギンからのコメント

これも狙いどおりバズりました。人間が生きていくうえで切り離せないマイホームの話題について、**議論を起こさせるよう具体的な数字をおりまぜてツイート**したところ、「都内と地方は違う！」「俺は限界ラインを超えてるけど大丈夫だ！　適当なことを言うな！」など、様々なリプライを頂戴しました。やはり“前提を説明しない”ツイートのほうが、読み手の感情を揺さぶることができますね。

ギンギン的「バズった」ツイート
## その3

マジで家買うのは無理しすぎない方がいい。これが限界ラインだと思う。

年収600万：　買うな
年収800万：　住宅価格4000万
年収1000万：住宅価格5200万
年収1200万：住宅価格6200万
年収1500万：住宅価格7400万
年収2000万：住宅価格9000万

188　3693　3.1万　　午後1:25 · 2023年3月11日

## ギンギンからのコメント

意図せず炎上したツイートといえばこれを思い出します。私のフォロワーには若者も多くいらっしゃるので、25歳を過ぎたあたりでこういうお店をデートで使うといいんじゃない？という純粋な情報提供をしたところ、**何と女性陣からボロクソに叩かれました**。しかも鎮火まで数日を要したのですが、いまだになぜこのツイートが炎上したのかさっぱりわかりません。「大学生のときに卒業してます」「女子会で普段使いするお店って感じ」という辛辣なリプライや引用リツイートの数々を、私はけっして忘れることができません。「批判するなら代案を出せよ」という旨の発信を継続しましたが、誰もまともな回答をしてくれた人はいませんでしたねぇ。どこなら満足するんだよ？今でもリプ待ってるから、頼むから教えてくれ。そもそも大学生のときに1回行ったら、もうそこは卒業するもんなの？　というか**どうせ怪しいおじさんに連れていってもらったんだろ？**　なんて、今でも思ってます（笑）。

# ギンギン的「意図せず炎上した」ツイート

25歳過ぎてそろそろデートのお店選びでカッコつけたい男子にオススメのお店。（表参道編）

① cicada（ランチ）
→この時期の昼のテラス席は最強
② nicolai bergmann nomu（カフェ）
→美しい花に囲まれて優雅なひと時を
③ L'AS（ディナー）
→ハイセンスな店内で美味しい食事を

25　822　2922　午後9:30・2021年5月9日

---

引用リツイートでJD時代に制覇しただのダサいだの飯も美味くないだのボロクソに叩かれてますが、23件の批判の内、代案を提示してきた人はゼロ。本当にゴミクズだと思う。あと、このクラスの飯食って不味いと感じるなら純粋に舌死んでて可哀想だなと心から思います。

10　54　206　午後7:20・2021年5月10日

---

## ギンギンからのコメント

こういう厳しいことを言う系のツイートはこのとおりまったく伸びないのですが、自分のなかでは結構気に入ってますね。だって言ってる側のこっちは気持ちいいからね（最低）。**おじさんが居酒屋で若手社員に説教するのもこの原理**だと思います。今ならわかるよ。

ギンギン的
## 「実は気に入ってる」
ツイート

誰しもが将来の不安を抱える現代において、人生何歳からでも挽回できる系のツイートは例外なく伸びる。しかし弱者はそれを見て安心してしまい、結局何も行動に移さないので一生挽回できず底辺のまま変わらない。ちなみにこういう厳しいことを言うツイートは伸びない。

5　9　113　午後1:53 · 2023年9月30日

## ギンギンからのコメント

ここは『スターバックスコーヒー 皇居外苑 和田倉噴水公園店』なのですが、

・早朝からやっている
・広く、美しい店内
・きらびやかな緑に囲まれた立地

という都内最強のスタバのなかのひとつだと思うんですよね。なのに、いつもガラガラだったのでこのようなツイートをしてみたところ、やっぱりみんな知らなかったみたいで大変感謝されました。本当は、**こういうお店もユーザーも幸せになれるツイートをどんどんしていきたいんですけどね。**

ギンギン的
## 「みんなが幸せになる」
ツイート

ここのスタバ知ってる？いつも空いてるしキレイで最高だよ？

9　277　3158　午後 9:33 · 2022 年 6 月 17 日

## ギンギンからのコメント

彼女ができましたツイート、ここぞとばかりに、叩かれそうだなと思いながらも、恐る恐る投稿したのを今でも覚えています。結果、祝福のお言葉の嵐！　ツイッタラー、捨てたもんじゃないね！

**そして1年後、**
**この人と結婚しました。**

ギンギン的
「反応が嬉しかった」
ツイート

そういえば２億年ぶりに彼女ができました。

83　109　4157　午後 3:42・2022 年 5 月 4 日

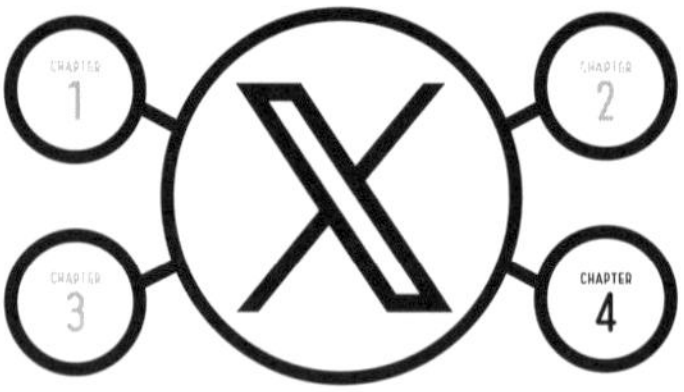


CHAPTER-4

# 出版記念オフ会完全収録

## ～「X副業」は加速する～

**ギンギン**
@ropponginza

年収3,000万円（本業1,300万＋副業1,700 万）を稼ぐ1人DINKSを極めし者。メガバンク→金融専門職。「全てのサラリーマンに夢とカネと希望を与える」をモットーに副業と自立が当たり前の社会を創出します。↓著書 shufu.co.jp/topics/detail/...

ソーシャルメディアインフルエンサー　note.com/ropponginza
2018年11月からTwitterを利用しています

**2,519** フォロー中　**5.4万** フォロワー

**プロパー八重洲**
@yaesu_pro

外資製薬勤務/海外物販/不動産 /輸出ｺﾝｻﾙ /【1,200部 売れているnote→bit.ly/45MFRn0】/純資産10億目指してます。

海外輸出＆輸入に関するオトク情報GETできるオプチャ↓　bit.ly/3qEKv6u
2020年5月からTwitterを利用しています

**74** フォロー中　**1.4万** フォロワー

**ブル**
@bullsan44

マネタイズに特化したTwitter(X)運用を指導｜手取り19万円→SNS運用にフルベットしてゼロから1年で粗利1,100万円突破｜Xマネタイズ特化コミュニティ「BMS」運営(41名在籍)|固ツイにてX攻略を加速させるプレゼントを配布中

対談動画/サービス実績↓　youtube.com/@bullsan44/vid...
2020年9月からTwitterを利用しています

**344** フォロー中　**7,462** フォロワー

**ジンジン**
@oneone_blue

みんながモヤっとすることをコミカルにツイート。20代の限界独身貴族。副業合わせて年収2,300万。嫌いなものはパパ活女子と税金。趣味はマッチングアプリで優勝

bit.ly/oneoneblue　2022年5月からTwitterを利用しています

**305** フォロー中　**1.5万** フォロワー

**IT軍師**
@komeicarrier

キャリアと副業で収入を最大化する方法を発信 | Fラン→メガベン入社→最年少マネージャー→採用コン | 人生で成功を勝ち取る方法を発信 | note→bit.ly/426YVcL | コンサル/無料相談は公式LINEから→lin.ee/ynJkUoY

キャリアカウンセラー　noteはこちらです！
2022年11月からTwitterを利用しています

**220** フォロー中　**7,935** フォロワー

※数字は2023年10月時点のものです。

――まずは簡単に、ギンギンさんからみなさんの紹介を簡単にお願いできますか。

**ギンギン** 今日この場にお集まりいただいた4名の方々について、私から人選の趣旨を説明させていただきます！ まず大前提として、全員、私のnoteを買ってくださってマネタイズに成功された方々です。そのなかでも、展開しているビジネスのタイプに少しグラデーションをつけさせていただきました。プロパー八重洲さんとブルさんに関しては、収益面では私はとっくに抜かれていて、ブルさんは1か月の売り上げが600万円を超え、プロパーさんに関しては1000万円を超えたという、もはやスケールがおかしくなっている状況の方々です。いっぽう、IT軍師さんとジンジンさんは後発組の若手的ポジション。今まさに成長途中の、初心者から中級者に上がるプロセス、みたいなことをお話しいただければと思って来ていただきました。前者のお二人については、普通の人の感覚なら「なぜそこまでのことが起こりうるのか？」と思いますよね。まずは、そのあたりのことを順番にお話ししていただけたらと思います。

## 「プロパー八重洲」の場合

**プロパー八重洲**（以下、プロパー）ギンギンさんのアカウントのプロフィール欄に飛んでいくと、固定されたツイートに、ｎｏｔｅ記事の「最強のＴｗｉｔｔｅｒ運用」が貼ってあったんです。ギンギンさんのｎｏｔｅを買ったのは、それが最初。「何者かわからない人からモノを買うのはどうなんだ？」という懐疑的《かいぎてき》な思いは、最初はもちろんありました。でも、僕はもともと物販を主軸にしたマネタイズの経験と実績があったので、そこをTwitterに絡めた情報発信をしていけたらうまく稼げるんじゃないかという予感が、猜疑心《さいぎしん》を勝りました。Twitterを始めたのは、今から1年2か月くらい前のことです。

ネットで情報を買うという行為に馴染みはなかったものの、noteなんて5000円やそこら。たいした金額ではないですからね。そうして実際に買って読んでみたら、まずはフォロワーを増やして、そこからどうお金を払ってもらうか、すごく具体性があって。なんていうか、全体像が見えてきたんです。「このやり方なら自分にもできるな」と腹落ちしましたね。再現性がある手法だったんです。

**ギンギン**　その後のプロセスもちょっと詳しくお願いできますか。

**プロパー**　僕の持っている情報が転職経験や物販実績だったので、まずはそれにまつわるリアルでの実績を打ち出しました。マネタイズに成功されている方はインプレッションを集めるツイートをしていることも多かったので、そこも忠実に真似しましたね。あとは、自分と似たようなアカウントと絡む。どれも遵守したのは、極めて基本的なルールばかりですが、そうやってお手本通りに実績を淡々とおりまぜていった感じです。決定打はやはりnoteでしたね。リリースしたのは、Twitterを運用し始めて約半年、フォロワー数が5000人ぐらいのタイミングでした。ギンギンさんのnoteには「価格設定はアンケートをとって需要を見込みましょう」と書いてあったので、それもルールどおりにやってみたら1500人ぐらいから投票があったので、「これは絶対売れる！」と自信を持ってリリースしました。

**ギンギン**　アンケートって、本当に当たりますよね。あれで「ダメ」となったら、絶対売れない。ダメと言われているのに無理やり売り出してアカウントの信頼を下げるぐらいなら、もう一回リアルの実績を作り直して出直すなど、冷静な行動が必要ですよね。

**プロパー**　アンケートには助けられましたね。それで、初のnoteが初月に250万円ぐらい売れました。

**ギンギン**　その時点で僕はすでに抜かれてます（笑）。当時、フォロワーが1万人もいない状態ですよね。5000人程度でもここまでいけるというすごい事例です。

**プロパー**　リアルである程度の実績があったので、たぶんそれをネットに絡めるレシピがマッチしたんだと思います。自分のなかでマネタイズまでのアウトラインが見えていたので、運用に関してのノウハウを知りたくて購入したのはギンギンさんのnoteのみ。いろいろな商材が出回っていますが、ほかはすべてギンギンさんの劣化版だから不要かも（笑）。あとはブルさんのnoteで、ライティングの仕方を学んだりして、より稼ぐための細かな肉付けをしてもらったくらいですね。

**ギンギン**　ただ全体像を読んだだけで、それを自分のノウハウに当てはめられるかは、誰にでもできることじゃないという気もするんですよ。だから、ノウハウがちょっと欠けている人を拾いにいったり、一人では走り切れないという人に一緒に寄り添って走ってあげようとするｎｏｔｅも結構出ているんだと思いますよ。

**プロパー**　確かに僕の場合は、物販のなかでも海外輸出という極めて狭いジャンルを扱っていたので、その手法をすべてｎｏｔｅに書くという、ギンギンさんのマネタイズ論と同じコンセプトのコンテンツを初心者に向けて作ったのがウケたんですよね。しかも、このジャンルをちゃんとまとめている人はいなかったので、最初にそのポジションを取りにいくことはすごく意識しました。結果、それが見事にハマりました。

**ギンギン**　物販ノウハウのｎｏｔｅを売っている人はほかにもいるんですか？

**プロパー**　二番煎じみたいな人も一応いるにはいますが、僕のｎｏｔｅがすでにある以上、出てこないんじゃないですかね。

**ギンギン**　すごい。一強状態だ。このジャンルを制覇しましたね。現状、物販に関して突き抜けているのはプロパーさんしかいないから、ほかの人のｎｏｔｅを買って試してみるということが起こらないんですよね。

**プロパー**　そのノウハウ伝授をいちばんうまくやれるのは僕しかいないということは自負しています。いっぽう「フォロワー数を増やしたい」とか「ノウハウよりも、商材の中身をよりブラッシュアップしたい」とかなら、ギンギンさんやブルさんのｎｏｔｅがいい。そうやって、お互いの特性をしっかりと把握し認めていることで、みんなが良い関係を築けている状態だと言えると思います。

**ギンギン**　顧客の取り合いにもならず、共存していけますからね。ＳＮＳって「何を言っているか」もだけど、「誰が言っているか」も案外大事で、人によって好きのベクトルがたくさんあるんですよね。だから、そこが被らなければパイの食い合いみたいなことは基本的に起こらない。「この人もこの人も、この人も好き」と、人には「好き」が複数あるのが普通ですしね。

**ジンジン**　逆に言うと、一般の人から見て「ギンギンさんは有名人でちょっとギラギラしていて、もう遠いところにいるから気に食わない」みたいな人が、「ジンジンならまだ近そうだからいいかも」という場合もあるんです。同じ方法論を出しても「プロパーさんのことは好き」という人、「プロパーさんにはいかない人」というのもきっとあるんだと思います。

**ギンギン**　そんなもんですよね。だから共存し続けられるんだと思います。

**プロパー**　そのあたりを振り返ってみて

も、入り口がTwitterで僕は良かったです。これからTwitterやnote市場に参入しようと考えている人に伝えたいのは、僕の例みたいに、まだまだ開拓されていないジャンルはいくらでもあるから、成功パターンはほかにもたくさんあるということ。Twitterをオワコンだという人もいるけど、まったくそんなことはないと僕は思っています。僕自身、このジャンルで数千万稼ぎましたが、今の状態も序章に過ぎないつもりだし、これを維持するんじゃなくて、さらに伸ばそうと考えていますから。

**ギンギン**　そのあたりについて、もう少し詳しく聞かせてもらえますか。

**プロパー**　ギンギンさんのことも数字の上では超えられたし、ここで終わりでもいいかと満足したことも正直、ありました。だけど「それだけで本当に大丈夫か？」という気にさせるような新しい世界も、今の景色は見せてくれるんです。なので、買ってくれる人が1000人いるなら、その人たちの連絡先もきちんと把握して、ひとりひとりにさらに介入して海外輸出のコンサルをしてあげたり、コミュニティを作っていくなど、単発の売り切りだけで終わらない仕組みを作りました。結論として、今はそれがうまく回っていいます。そのおかげで先月はコンサル収入で800万円、noteで100万円、Twitter経由の広告収入で150万円くらいの売り上げとなりました。SNS関連は月平均150万〜200万円で安定していますし、もし今、副業月収が100万円を切ったら不安で死ぬと思います（笑）。

**ブル**　100万円だと死ぬ…わかる！20代半ばくらいでも、月に3000万〜4000万円稼いでいる人、全然いますからね。しかもそれでも「Twitterの神」というほどでもない、極めて普通の人。そういう人を見ちゃうと、世界の広さや「人生とは？」みたいな深いこともときどき考えちゃいますよね。

**プロパー**　まあ、確かにそれはありますね。私的には、今の自分があるのは、たまたま。この状態がずっと続くとは全然思っていません。なので、常にいろんな人から教えてもらいながら、今後は動画方面でも発信していくなど、違う方向の伸ばし方も考かなければいけないと思っています。

## 「ブル」の場合

**ブル**　私がギンギンさんのnoteを買ったのは去年の8月。Twitterを伸ばすノウハウの持ち主のトップを調べたとき、出てきたのがギンギンさんでした。トップなら間違いないだろうというブランド感で買いましたが、一読して完全に理解して、すべて真似してみました。当時のフォロワー数は数十人程度でしたが、そこから3か月で3000人になりました。

**ギンギン**　3か月間、筋トレするかのごとくTwitterに張り付いてましたよね。それで、実際にnoteどおりの手法を再現された。

**ブル**　ずっとツイートしてましたね。まさしく〝ツイ廃〟状態。行動量を増やせば伸びるツイートの効果的な作り方も見えてきますから。かたや、今では1日3ツイート程度しかしてないですけどね。

**ギンギン**　「Twitterを経由して稼ぐ」というゴリゴリの芯の部分以外、本当につぶやかないですよね（笑）。

**ブル**　そうですね（笑）。今はフォロワーを取りにいこうとも思わず、稼ぎたいと考えている人に対してだけコミットしている感じです。

**ギンギン**　そこまで徹底していても、サロンの人たちと互角に交流しているんだからすごいですよね。でもそうなると、商材もずっと作り続けてないといけないですね。今、何種類ぐらいありますか？

**ブル**　たぶんとんでもない数です。ただ今は、最終的には個別指導をしたり、将来的な見込み客になりそうな人を取りにいったりするコミュニティを立ち上げたので、単価も高いこちらのほうでどんどん収益を伸ばしています。なので結果的には、必ずしもフォロワー数が多くなくても稼ぐことはできるのかなと思いますが、再現性が高く簡単な手法は、やはりフォロワー数を増やしてnoteを書いて売ることだと思います。

**ギンギン**　noteの書き方についても、ブルさんは特化したnoteを作っていますよね。

**ブル**　リードや中身の構成方法は大事ですから。同じことを伝えるにしても、その構成を変えるだけで売れ行きって全然変わるんです。ただ、世の中にはアコギな商売をする人がいるんですよね。ギンギンさんのｎｏｔｅは内容は濃いのに安価ですけど、中身はスッカスカなのにその10倍、15倍の価格で売ってる人もいますから。だけど、海のものとも山のものとも知れない他人の商材でも、５万どころか１００万出してでも買う人がいるのもまた事実。年収１０００万円以上あるような、きちんとしたリテラシーのあるサラリーマン、お医者さんや経営者など社会的地位の高い人でも、平気でそんなものを買っちゃったりするんです。そういう商材って、最初の説明部分だけはめちゃくちゃうまいんです。だけど、中身はない。ほとんど詐欺みたいなものだから、こういった界隈が叩かれる原因になる。私たちのビジネスの今後の課題のひとつでもありますね。

**ギンギン**　そういうｎｏｔｅの存在は、実際に買っているから詳細まで知っているんですか？

**ブル**　自分が買って判断しないとフォロワーさんにも影響がありますからね。恐らく相当な数を買っていると思いますよ。で、相当な数をチェックしたところ、7割は価格と中身が釣り合ってない（笑）。だけど「対価を期待したのにカスみたいなものをつかんだら怖い」とリスクを不安がってばかりいる人のことも、私からすると意味不明だと思っているんです。このビジネスは、時給労働ではなく成果労働。1時間やったら必ずいくら稼げるという性質のものではないんだから、失敗もあって当然。要は、そういうマインドを持つことが第一歩だと思います。とはいえ、劣悪なものを作っている人と同類扱いされるのは何よりも嫌なので、そういうモノを作っている人を見たときは噛みついたりしちゃいますけどね。

**――リリースした当人はだますつもりはなく、一生懸命書いたけど、ライティングがうまくないから結果的に中身が薄**

かったというパターンではなく？

**ブル** そういう人はそんなに多くないんですよ。それよりも、例えば10万円の買い切り型のコンテンツをリリースをして、数か月で1000万稼いだらアカウントごと消したりする、明らかにハナからだますつもりで記事を書いているような輩《やから》がいるんですよ。そういう「顧客を失ってもいい」というスタンスは、ある意味ラクな商売だけど、稼げるのはあくまで最大風速の一瞬だけのこと。それはやりたくないじゃないですか。そういう人がいるからこそ、真っ当な感覚で値付けしたものを売りに出している自分への信頼に繋がりますからね。例えば、ギンギンさんのｎｏｔｅに私も最初に5000円くらい払いましたが、5000円って普通の本より高いわけじゃないですか。である以上、薄っぺらい内容にするわけにはいかない。これが信頼の証なわけで。価格と信頼のバランス感覚って、本来にそういうものですよね。

**ギンギン**　信頼を獲得するためにほかに気を付けていることはありますか。

**ブル**　「絶対に成功させる」みたいなことは言わない。「絶対」とか言っている商材、本当に多いんですよ。でもウソっぽいじゃないですか。いや、ウソか。だからこそ、私のことを「正直でクリーンっぽいからお願いします」と評価してくれる人もいるほどです。

## 「ジンジン」の場合

**ジンジン**　僕はもともと学生時代からギンギンさんのＴｗｉｔｔｅｒを見ていたので、運用を考えたときに買うのは、ギンギンさんのｎｏｔｅ一択でした。……なんていうと年齢がバレそうですが、そこで文章力とか構成の仕方、コンテンツの内容とか、ＤＭを送って相談しました。

それでも、買うまでには1年くらい悩んだ覚えがあります。すでにギンギンさんはアルファツイッタラーでしたから、DMも毎日大量に届いているだろうし、「返信なんてこないだろう」と思いつつ、ドキドキしながら打ちました。だけど、ギンギンさんはすぐに返してくださったんですよ。それが始まりでした。結局、初めてDMを送ってから4か月で、フォロワー数が1000人くらいになったとき、初めて収益化できました。きっかけは確か、僕のあるツイートが1万いいねくらいにバズったんですよ。《男の「趣味：サウナ」は女の子の「趣味：カフェめぐり」くらいおもしろみがないよね》とかそんな内容で（笑）。バズった瞬間、以前からタイミングを見計らってまとめていたnoteをリリースしました。noteの内容は、ちょっとゲスな話ですが、3時間以内にお持ち帰りできる方法を伝授する「マッチングアプリ攻略論」的なものです。この手のネタは食いつく人が多いから儲かると踏んでいたのもありますし、自分がやってきたことなので、ある程度の再現性はあるだろうという戦略でした。確か、8万字くらいのボリュームで用意していた気がしますね。それも全部、ギンギンさんに僕の属性を伝えて、これまでやってきたことを洗い出して、戦略マップなども相談して従った形です。ノウハウどおり、ハネたと思った瞬間、そのツイートにｎｏｔｅの宣伝をぶら下げたら、その瞬間で6万くらい入りました。初めてＴｗｉｔｔｅｒでお金を稼げた経験だったのでめちゃくちゃ嬉しかったですね。その後は、マッチングアプリのアフィリエイト広告などの案件も入るようになり、バズってはまたそれをぶら下げたり。

**ギンギン**　攻撃的で、賛否両論分かれるような、ドキッとするツイートをあえてつぶやくスタイルですよね。昔の私を見ているような気になります（笑）。

**ブル**　「スーツにリュックの男は〜〜〜」とかね。私、スーツにリュック派だったんで、あのツイートを読んだときドキッとしましたもん。

**ジンジン**　そのときは、たまたま居酒屋で隣り合わせた集団がしょうもない会社の悪口をずっと言っていて、いざ会計となったら全員がスッと、スーツにリュックを背負って立ち上がったんですよ。それで「なんだこいつら?」と思ったんです。もちろん本気で「スーツにリュックは絶対ない」とは思ってないですよ。あくまで、私はナシ派なだけ。で、アリ／ナシの両方がいるからこそ、そこを揶揄《やゆ》したら伸びるだろうと思ってツイートしました。「スーツにリュックで何が悪いんだ、うるせぇよ」と言われて、世の中には自分とは違う観点を持つ人がたくさんいることを改めて知ったり、そういうことを実際のお金持ちの人から批判されて反省したり。そういう絡みをしている毎日は刺激的です。

**ギンギン** ジンジンさんは、それで仮にアンチに粘着されても打たれ強いのがすごいんですよ。これって実は、すごく大事なことなんです。多くの人はそこで折れて、方向性を変えたりおとなしくなったりして、せっかく伸びていたのに嫌になってやめちゃったりする。それがいちばんもったいないんですよね。だけどジンジンさんは、アンチのおかげなのか、ツイートのキレがどんどん良くなっている。むしろおもしろくなっている！　もはや、狙ってますよね。「よくここまで書けるなぁ」と感心しつつ、人間は成長していくものなんだなぁと思って眺めています。非効率なやり方かもしれないけど、もう半分趣味ですよね？

**ジンジン** そうですね（笑）。もともと本業もそれなりに頑張って稼げているので、副業でプロパーさんやブルさんほど頑張る気はなくて、「おもしろいからやって、勝手に売れるならこんなにいいことはないな」というのが僕のスタート地点なんですよ。だから、そこまで頑張らずに売れたらいいなと。…となると、誰に叩かれようが好きにつぶやくスタイルです。思い返してみれば、学生時代にリア垢で何気なくしたツイートが「わかる」と共感してもらえたり、クスッと笑ってもらえたりしたので、自分の考えをツイートするのが好きだったことが功を奏したのかもしれません。今や、「遊んでたらお金が入ってくる」と考えたら、Ｔｗｉｔｔｅｒってすごいツールなんじゃないかと思いますね。

**ギンギン**　Ｔｗｉｔｔｅｒ本来の、最も正しい楽しみ方ですよね。

**ジンジン**　月に数百万収入とかも憧れはしますが、毎日好きにツイートして月に30～40万円稼げる。一般的な会社員としては十分なんじゃないかと思っています。

**ギンギン**　ジンジンさんの手法はストレスもなさそうですよね。これ以上を目指すと天井はなくなって、ビジネスとして振り切る面も増えますから、今がとてもいいバランスなんだと思います。

**ジンジン**　Twitter上でお金持ちの方から言われたことなんですが、僕のツイートはアップサイドからモノを言ってることが多いので、リテラシーの高い方がつい反応しちゃうそうなんです。そんな絡みからおすすめグルメを教えていただく関係に発展したりすると、なんだか人生まで豊かになった気がしますね。

## 「IT軍師」の場合

**IT軍師**　僕がTwitterを始めたのは半年前。それまではTwitterアプリさえインストールしていなかったんですが、本業で採用の仕事をしている関係で、内定承諾者が何か悪いことをしていないかチェックしなきゃいけない立場になったんですね。それでＴｗｉｔｔｅｒに張り付くようになったときに出合ったのが、ギンギンさんのｎｏｔｅでした。「捨て金になっても社会勉強のうち」くらいの気持ちで読んでみたんですが、めちゃくちゃ煽《あお》られたんですよ。それですぐにブルさんのｎｏｔｅも買って、Ｔｗｉｔｔｅｒの伸ばし方とコンテンツ作りに全振りしました。僕がやったことは、みなさんもおっしゃったように、それこそお手本どおり。特殊なことは何もしていません。でも３か月でフォロワー数は２５０人から10倍になって、そのころから収益化もできました。それだけギンギンさんの手法が本当に再現性が高かったということですね。

**ギンギン**　ありがとうございます。

**ＩＴ軍師**　軌道に乗ってからは、無駄に時間をかけるのもめんどうくさいので、稼いだお金は鮮度の良い情報に投資して、みなさんと仲良くさせていただいて、より多く反応していただくことに振るということが多くなりましたね。すると、みなさんのリツイートで僕の情報もどんどん拡散されて、また別の方からもフォローしてもらえるということの繰り返しになって。これって、多くのビジネスマンが業務上よくやっていることと同じですよね。ここまでくることができれば、「普段の仕事で抱えるストレスも発散できている」という感覚に陥れます。今は投資で得た知識をもとに、土日もひたすらコンテンツ作りに費やしている感じですね。収益も倍々に増えていって、今月は半月ですでに60万円の売り上げ。次はどこを狙っていくか、見定めている状態です。

**ギンギン**　ＩＴ軍師さんは職業特性もTwitterにマッチしてますよね。

**ＩＴ軍師**　はい。だから転職系アプリの案件はよく入ってきます。収入はコンテンツ販売とアフィリエイト、コンサルが柱。アフィリエイトは結構大きくて、バズったツイートにアフィリエイトリンクをぶら下げておくと、ものすごく入ります。

**ギンギン**　すごいなぁ。僕やジンジンさんみたいに炎上上等でＴｗｉｔｔｅｒをやっていると、楽しいんだけど、半面、転職系とかのきれいな案件はきづらいんですよ（笑）。インフルエンサーとされるアカウントを管理している会社があるので、いくらフォロワー数が多くても、何度お願いしてもダメなんですよ。たぶん、炎上して会社に飛び火するのが嫌なんでしょうね。企業案件を多く取れると単価も高いから魅力的なんですけどね。だから、法人とのお付き合いを考えるなら、ＩＴ軍師さんのようなブランディングも重要ですね。

**ＩＴ軍師**　そうかもしれませんね。自分の本職のノウハウがベースにあるので、今ではコンサルもすごく楽しんでやれてますから。顧客はすべて、就活関連のことを知りたい大学生。

**ギンギン**　それは学生がいちばん欲しい情報ですね。

**IT軍師**　「あそこの内定が取れない」「あそこの会社はこういうことがオススメですよ」とか、相談に乗っています。学生さん自身、お金がないから稼ぎたいという本音も同時にありますし、お互いノーリスクなので、いろんなことを教えていますね。

**ギンギン**　IT軍師さんのコンテンツはビジネス的な意味合いで普遍的ですけど、誰もがそんな情報を持っているわけではないですよね。だけど、例えば「うちの妻がかわいい」というひとつのネタだけで人気のアカウントもあったりするじゃないですか。

**プロパー**　あはは、ありますねぇ！（笑）

**ギンギン**　たったそれだけの財産でも、コンテンツになる。「今日も奥さんが本当にかわいいです」と書いて、その顔写真も載せる。そこにアフィリエイトをぶら下げておく。それだけのことで、人が流入してきて稼げちゃう。多くの人は、最初「なんだこれは？」と思うかもしれないけど、それでもなんとなく見にいっちゃう。みなさん、走り始めは自分の武器が何なのかなんて、わからないものなんですよ。でもそれでいいんです。そのうち、自分がどんなツイートをしたらいい反応が起こるのか、絶対に見えてくるときがくるはずなんです。そうしたら、次に何をすればいいのか逆算ができる。「やるべきこと」が見つかってくるんです。運用していく途中で炎上や失敗も起こるかもしれないけど、そういう試行錯誤の繰り返しをしていくしかないと思います。

**IT軍師**　私の場合は、確実に成功する最短距離をブルさんに教えていただいて走りましたけど、ギンギンさんのおっしゃるとおり、そういう繰り返しか、投資してダッシュするかのどちらかですよね。私も始めた当初は自分の方向性もわかっていなかったから、最初にリリースしたのは「早起きの極意」とかそんなことでしたもん。値付けは３９００円くらいだったかな。「こんなものが売れるのかな？」と半信半疑でした。だけど、それでも60部くらい売れて「マジか？」と思ったと同時に、意外と悩みの深いジャンルなんだなとも知れました。それどころか、いまだにそれ、ときどき売れていますからね。Twitterマネタイズをやったことがない人ほど、こういうニーズが存在することに不思議さを覚えるんじゃないですかね。そうやって、多様なニーズを体感で知ったうえで、本業の内容をそのままというのは絶対できないものの、本業で培ったスキルを違う方向性で出せないか、今は常に考えて続けています。

**ギンギン**　「こんなものが売れるんだろうか？」なんてことは深く気にしすぎず、第一段階は自分の経験を簡単なモノでもいいからとりあえず形にしていくこと、そしてそれを続けることに尽きますね。その旨味をひとつでも知ったら、確実にコンテンツの量産を試したくなるはずです。全巻まとめ売り１万円みたいな売り方をしても結構売れるものですからね。

## 副業収入〇〇〇万の世界線

**――ところで、みなさんはお互いの素性をどの程度知ってるんでしょうか。**

**ギンギン**　数字的な実績値などは知ってますが、プライベートについては別に知る意味も感じないし、むやみに教えあう空気はないですね。しゃべったところでデメリットしかないし、そこらへんの脇が甘い人が自分のことをペラペラしゃべった結果、身バレして消えたことも無数に見ているんでね…。悪気もなく勤務先の話題でつい口がすべって「あの人、〇〇らしいよ」という噂が広まることってよくあるんです。防衛意識が低いと消える要因になりかねません。居住地ですらボカして話しますよね。まぁ、ここのメンバーはなんとなくお互いのことを知っていますが。

**ブル** 私のように、本業を辞めて独立していればそのリスクも低くはなりますが、新たに法人を立ち上げることを考えれば、やはり匿名のほうがいいですね。匿名で10億稼ぐ人も普通にいますから。顔出しでやれるレベルを目指すならまた別の話になるのかもしれませんが、そんな方でも「知らない人から街で声をかけられることがある」なんて話を聞くと、それも嫌だなと思っちゃう。

**ギンギン** 私のアカウント名なんて「ギンギン」ですからね。友だちと街を歩いてるときに声をかけられたら、それこそ地獄ですよ（笑）。

**IT軍師** 私も、採用という仕事上、面接官として顧客の学生さんと出会う可能性を考えたら気まず過ぎる。だから私は、学生さん相手にコンサルをするときも、画面オフで音声も変えて接しています。

**ギンギン**　大きな規模のアカウントからの相談でコンサルするときも、ZOOMの名前が本名だったり、Gmailの名前設定も本名のままだったりすると、脇が甘いと思っちゃいますね。そういう人には「本名はやめたほうがいい」と必ず指摘しています。

**――最後に。みなさん、副業を始めて具体的にどう生活が変わりましたか。**

**ギンギン**　この5年で年収が3倍になって、1回あたりの食事代が3万～4万円になることも当たり前という感覚になりました。あとは家が変わりましたね。家賃が18万円から30万円になりました。

**プロパー**　私はあえてあまり生活を変えてないんですが、移動の時間を大事にしているので、タクシー利用は確実に増えましたね。食事の値段も上がりましたが、それは物価も上がっているから当然かなという程度。

**ブル**　私もさほど変えてないけど、プロパーさん同様タクシーはすぐ使っちゃう。夏なんか暑いから、この前も徒歩数分のところでも面倒になってタクシーに乗っちゃいました。あと私はスイーツ好きなんですが、『キルフェボン』のタルトとか1ピース1000円したり結構高いじゃないですか。それを1ホールためらわずに買って食べる。

**プロパー**　それは多過ぎない？（笑）

**ブル**　好きなんですよ。ただ私の場合は生活水準うんぬんより、独立したことで生活の自由度が上がったことが大きいですね。仕事はしてもしなくても、極論365日休みでも自由だし、土日の概念もない。「今日はコンサル30分で終了」という日もあっていい。だけど今月の月商は2300万ありました。これだけ自由だと旅行も頻繁に行けますよね。私は旅行が好きなのでそれは嬉しいですね。今度ヨーロッパに行く予定なんですが、それも3週間など、ストレスなく長いスケジュールを組むことができます。

**プロパー** 言われてみると、私も宿泊の自由度は変わったかもしれませんね。以前は安くなるタイミングを狙ってケチケチ予約していたけど、最近はまったく気にせず、1泊数十万円する宿を取ったりしています。あと、両親をいいお寿司屋さんに連れていったり。それはすごく喜ばれますね。

**ジンジン** 私も食事は変化しました。レストランでも、例えば1万2000円、1万5000円、1万8000円という、量ではなく食材などで3コースが設定されていれば、何も見なくともいちばん高いコースを選ぶようになりましたし、デパートでも、以前は6万円くらいのバッグを手にとるととっさに「高いな…」と尻込みしていましたが、今では30万円程度なら考えずに買える。あ、私、カバン好きなんで、ここらへんはどうしてもこだわっちゃうんです。ラーメン屋さんの行列に並んでる間に数万円入る、みたいなことが日常で普通に起こるので、やはりこういう感覚になりますね。

**IT軍師**　私はまだまだこれからなので、得た収益は次の学びを取りにいくほうが稼ぐのにも早いと思っていて、先月も25万くらい自己投資に使いました。不動産投資もいくつかやっているので、どうしても動かす額も大きくなりますね。あ、そういえば唯一変化したことがありました。本業の繁忙期はインターン生を１人雇って、副業を回してもらうようになりました。以前はそういう時期は睡眠時間を削る以外なかったんですが、その時間をお金で確保できるようになったのは大きいです。

**プロパー**　こうして大きな金額を稼いでいると、正直、本業で上司より収入が多いわけじゃないですか。すると、媚《こ》びる必要もなくなって、大きな仕事もリスクを恐れずがっつりいけて、結果的に良い評価になって返ってくるというメリットもありませんか？

**ギンギン**　そうなんですよ。自分の評価を気にせずにいられるから、本業でも「最悪、失ってもいいか」みたいな心境に至れる。そうすると、緊張せずに言いたいことも言えるようになって、いいサイクルにしかならない。あと副業の基本的な習慣に必要な「稼ぎたければ逆算して動く」というスタンスが、本業でも生きてくる。そもそも、もし本業の給与月収ベースを5万円上げるとなったら相当大変じゃないですか。ましてやボーナス含め、社員の年収を100万円上げるなんて、会社の立場からしたら「無理無理！」という話。部下の昇給の幅を決める局面もあるので、それはなおさら思います。業績が悪ければボーナスそのものも出ませんしね。その何倍もの額を副業で稼いでいることを考えると複雑な気持ちになりますが、ほとんどのことに共通しているストレスって、やはりお金に関わるものなんですよね。収入源が本業１本だと、入ってくる額はある程度見えてしまう。そのなかでやりくりするしかないから、使い過ぎたときは「どうしよう」とストレスになる。でも収入源が副業にもあれば、このストレスからはほとんど解放される。すると心にも余裕が生まれる。意識せずとも自然と口座のお金は増えていくし、貯金が大好きな日本人にはとてもプラスの効果ですよね。だからこそ少しでも多くの方に「まずは副業をやってみてほしい」と伝えたいですね。

# あとがき

文：井原康太郎（主婦と生活社）

「ギンギン」とは何者なのか――。


これが本書を企画・編集した私のスタートであった。

出版社に勤める私の情報収集は、もっぱらTwitterであった。

2020年、おそらくギンギン氏のフォロワー数が1万人を超えたころであろうか。

Twitterで常に炎上していた氏のツイートを目にする機会が増えた。

過去のツイートを読んだりしながら、私のタイムラインにはいつしか当たり前に氏がいるようになった。

Twitterという、ある種歪《ゆが》んだ自己表現が認められる虚構の文学世界において、
やけにリアルに存在し、それでいて真正面から炎上する男。それがギンギンであった。


2021年、どうやら副業を始めたようだった。なんとなく、氏の動向は把握していた。

2022年、副業にフルコミットしてきたようだ。何やら年収が2000万円を超えたそうな。

2023年のはじめころか。「どうして俺に書籍のオファーが来ないのか」といったツイートを氏がした。

自分が言われた気になった。

「本、作りませんか」

すぐにＤＭを送り、目黒雅叙園でギンギンに会った。

半パンに、キャップ姿だった。

ギンギンとは何者なのか。あとがきで編集者である私が書くのは野暮だと思う。

なぜなら、本書に込めたメッセージは「ギンギンとは何者なのか」だからだ。


Ｔｗｉｔｔｅｒをマネタイズのマシンとしている人は、ごまんといる。

本書は「ＳＮＳで稼ぐ！」なんて類《たぐい》の本ではない。


それでも、ギンギンとは何者なのか。そう再び聞かれたら、私はこう答える。


「ギンギン」はそこにいる。

Ｔｗｉｔｔｅｒという ＳＮＳで、息を吸うようにツイートしては、息を吐くように炎上するギンギンという男は、
たしかにホテル１階のラウンジで、私の目の前でアイスコーヒーを飲んでいた。

制作・編集作業の工程で、一切のストレスや軋轢《あつれき》ひとつなく、本書を世に出せたことを氏に心より感謝したい。

ギンギンは、本業のかたわら、本書の原稿の執筆に邁進し、さらにそのかたわら、新作ｎｏｔｅの執筆をしていた。

この男は、本業のかたわら副業をしながら、さらに副業をしていたのである。

## ギンギン

30代男性、地方出身・港区在住、フォロワー数約5.5万人のアルファツイッタラー。財閥系メガバンク→金融専門職。本業収入1300万円のかたわら、副業収入1700万円を稼ぎ出す。メディアプラットフォーム『note』にて2022年にリリースした「最強のTwitter運用」記事の売上数が5000部を突破。(数字はすべて2023年10月時点)



Special Thanks　プロパー八重洲 / ブル / ジンジン / IT軍師

アートディレクション　川原経義（トレスアミーゴス）
デザイン　梶山小夏（トレスアミーゴス）
取材・文 [CHAPTER-2&4]　井上佳子
校閲　泉 敏子

企画・編集　井原康太郎（主婦と生活社）

**全人類に夢と希望と金を与える2030年の指南書**
**〜サラリーマンの副業最適解「X副業のすべて」を教える〜**

著　者　ギンギン
編集人　栃丸秀俊
発行人　倉次辰男
発行所　株式会社 主婦と生活社
〒104-8357　東京都中央区京橋3-5-7
☎03-5579-9611(編集部)　☎03-3563-5121(販売部)　☎03-3563-5125(生産部)
https://www.shufu.co.jp
製版所　東京カラーフォト・プロセス株式会社
印刷所　大日本印刷株式会社
製本所　株式会社若林製本工場

ISBN978-4-391-16116-8
万一、乱丁・落丁がありました場合は、お買い上げになった書店か小社生産部（☎03-3563-5125）へお申し出ください。お取り替えさせていただきます。